| 多维人文学术研究丛书 |

英语词汇的多维研究与应用

李健民 | 著

中国书籍出版社
China Book Press

图书在版编目（CIP）数据

英语词汇的多维研究与应用/李健民著.—北京：中国书籍出版社，2020.1
ISBN 978－7－5068－7710－7

Ⅰ.①英…　Ⅱ.①李…　Ⅲ.①英语—词汇—研究　Ⅳ.①H313

中国版本图书馆 CIP 数据核字（2019）第 291141 号

英语词汇的多维研究与应用

李健民　著

责任编辑	兰兆媛　李雯璐
责任印制	孙马飞　马　芝
封面设计	中联华文
出版发行	中国书籍出版社
地　　址	北京市丰台区三路居路 97 号（邮编：100073）
电　　话	（010）52257143（总编室）　（010）52257140（发行部）
电子邮箱	eo@chinabp.com.cn
经　　销	全国新华书店
印　　刷	三河市华东印刷有限公司
开　　本	710 毫米×1000 毫米　1/16
字　　数	205 千字
印　　张	16.5
版　　次	2020 年 1 月第 1 版　2020 年 1 月第 1 次印刷
书　　号	ISBN 978－7－5068－7710－7
定　　价	95.00 元

版权所有　翻印必究

前　言

词汇是语言的构成要素之一，也是英语学习者较难掌握的内容。相对有限和稳定的语音和语法规则而言，词汇是动态、变化和发展的。现实世界日新月异，千变万化，新事物、新思想不断涌现，而最能反映这些变化的就是词汇。随着时代的变化和发展，新词汇不断出现，旧词被赋予新义，有些词汇逐渐淘汰与消亡，可以说，词汇是对现实世界最敏感的反映，连接了语言和现实世界，这就是词汇的独特魅力。我在教学实践中发现，学生虽然掌握了一定数量的词汇，但在实际运用中会出现各种问题，如在写作和口语交际中用词不恰当，在阅读中对词汇的语境意义不能准确理解等。词汇教学是英语教学的重要环节，怎样进行词汇教学更能有效地促进学生对词汇的学习和运用，这是我一直以来在关注和思考的问题。

我对词汇的研究开始于2005年，当时在湖南师范大学外国语学院读研究生，学校开设了语义学、句法学、话语分析、普通语言学、跨文化交际等专业课程，每门课程老师都要求研读相关的论著，并且要求撰写论文，这些课程的学习和论文的撰写为我日后的研究工作奠定了良好的基础。就在那时，我初次接触到了认知语言学。刚开始时感觉有些茫然，通过老师的指点和同学之间的讨论，我对有关的理论逐渐有了较清晰的理解，并被这种新兴的研究范式所深深吸引。认知语言学的原型范畴理论、隐喻、转喻理论对一词多义、词义演变现象的解释，象似性理论对词汇理据的解释，这些理论成果充分揭示了词汇的认知理据，对一些词汇现象有着很强的解释力。

于是，在开始撰写研究生论文时，我选择了词汇作为研究对象，将认知语言学的相关理论运用到教学实践中，为词汇教学和英语教学提供新的方法和视角。在导师廖光蓉教授的指导下，我认真阅读了认知语言学和词汇的有关书籍，如赵艳芳的《认知语言学概论》，F. Ungerer 和 H. J. Schmid 的《认知语言学入门》，J. R. Taylor 的《语言的范畴化：语言学理论中的类典型》，Lakoff 的《我们赖于生存的隐喻》等，并做了大量的读书笔记。在此基础上，我撰写了硕士论文《高职英语词汇教与学的认知研究》，并以此成功申报了 2007 年院级科研课题。围绕该课题，我撰写了一系列论文，如《认知框架下的词汇解读》《英语成语的认知解读》《通感的认知阐释》《词汇教学的多维性》《语块及其教学的认知研究》《元认知和高职英语词汇教学》《基于框架理论的词汇教学》，分别发表在《理论界》《重庆职业技术学院学报》《沈阳工程学院学报》《辽宁行政学院学报》《成都大学学报》《重庆科技学院学报》《四川教育学院学报》等大学学报和省级刊物上。本书是在这一系列论文的基础上进一步修改、充实、扩展和深化而来的。

现在市面上关于词汇的书籍很多，大多是为各种考试而编写，以练习为主。其次是介绍词汇知识的词汇学专业书籍，而专门研究词汇的专著很少。本书是对英语词汇的多角度研究，揭示词汇形式和词汇意义形成的认知理据以及词汇在语境中具有的功能和意义，拓展了词汇研究领域和范围，加深对词汇本质特征、规律的认识和理解，并为词汇的实际运用提供理论依据，从内容和方法上构建词汇教学模式和学习模式。现代语言学研究趋势是从单层次、单角度、静态的研究转向多层次、多角度、动态的研究。语言学研究的不断深入使人们对词汇结构、词汇与语言外因素如认知、语用、文化的关系有了重新认识，因而词汇研究具有多学科交叉的特点。

　　本书注重吸收语言学研究的新成果，强调词汇现象的解释与词汇使用，体现词汇研究的动态性。词汇是音、形、义的结合体，而其中词义是本书的研究重点。无论是功能语言学还是认知语言学都将语义作为研究的中心，只是侧重点有所不同。功能语言学侧重从社会功能和使用情景来研究意义，而认知语言学侧重从人的心智体验以及认知方式来研究意义的获得。词义作为语义的一部分，其形成、发展、理解和使用在本书中得到了较为全面的阐释。认知语言学摒弃意义的镜像观，即意义不是对现实世界的镜像反映，认为意义形成是主观和客观互动的结果，涉及人的体验和认知能力，如注意、选择、判断、比较，突出意义形成的动态观。同样，词汇在具体语境中的意义也具有动态性，并不完全依赖词典中的意义，也涉及人的认知以及对词义的推理和解读。本书揭示英语词汇的特点和规律，让学习者对词汇本质和功能有较全面的认识，并在言语交际中有效地理解和运用词汇。

　　本书分为三部分，即认知篇、功能篇和教学篇。

　　第一部分从认知的角度研究基本词汇、词汇语义、词汇搭配和词汇理据。基本词汇是人类对事物进行分类的最基本心理等级，也是最典型的原型范畴。基本词汇的特点是使用频率高，构词能力强，具有更多的隐喻和转喻意义。支配着多义词不同意义之间的关系的原则是由具体到

3

抽象的隐喻性映射，同时隐喻、转喻和通感也是词汇构建的认知机制。认知框架具有稳定的基本角色和道具，各个角色形成关系密切的语义网络。任何一个框架角色一经提及，可激活整个认知框架，人们在很大程度上正是借助被激活的认知框架来理解词语所表达的意义。习语意义的本质是概念性的，其语义可以推导。隐喻、转喻和百科知识是习语意义产生的认知机制。词汇层面的理据在语音上体现映象象似、构词上对应距离象似和数量象似、词义上存在隐喻象似、词序反映顺序象似。

  第二部分从功能的角度研究词汇与语篇、文体和语用的关系。英语语篇呈现一定的模式，对于这些模式的识别依赖于词语信号。这些词语信号有助于对语篇结构和意义的理解。语篇的评价意义涉及态度和情感，词汇和隐喻性词语是实现评价意义的重要手段，而且具有隐性和间接的特点，体现正面、肯定或负面、否定的评价意义。词汇的选择受到情景语境的制约，因而不同的文体具有不同的词汇特征。词汇的语用意义具有临时性、参照性和目的性，其理据在于词义边界的模糊性。词汇信息与认知语境的结合推导出词汇的语用意义。

  第三部分研究词汇的教与学。建立词汇教学内容框架和体验互动模式，探讨词汇学习的机制、策略和途径。词汇教学主要从词形、词义、语义、语篇、语境、策略六个维度进行教学。词形维度着重于揭示词汇构成规律，让学生理性地扩大词汇量。词义维度涉及文化内涵词和多义词的教学，揭示词义拓展规律，培养学生的隐喻意识以及识别、理解和运用隐喻的能力。语义关系维度是在教学中适当补充下属词汇，同时激活生词的同义词、反义词及其相关的搭配形成语义网络，区别同义词的意义，揭示搭配现象的认知理据，进行有利于记忆的语义加工。词的意义并非一成不变，而是随语境而变化。引导学生寻找语境线索猜测词义并在语境中习得词汇知识。激活与话题相关的框架和图式知识，便于词汇的组织和记忆。语块是语言教学和语言运用的理想单位。语块教学有助于促进语言表达的地道性、准确性和流利性。在课堂教学中，教师应加强语块的输入，创造各种机会让学生提取、选择和组合语块，提高学习者的语用能力和交际能力。学生运用记忆和元认知策略学习、巩固和运用词汇。词汇学习策略的掌握和运用是词汇能力发展的关键因素。

在这里，我借此机会由衷地感谢我的导师——湖南师范大学外国语学院廖光蓉教授。在他的悉心指导下，我顺利完成了学位论文的撰写，并在以后从事科研的道路上也得到了他的指点和启发。他渊博的知识、谦逊的为人、严谨的治学都值得我们学习。感谢湖南师师范大学外国语学院的所有任课老师：白解红、石毓智、秦裕祥、刘学明、王崇义、黄慧敏等教授，他们丰富的学识开拓了我的思维和眼界，让我们思索和探究语言的奥秘。感谢我的母亲，她对我的关爱、期许和鼓励，给了我不断学习和进取的动力，让我永生难忘。感谢我的同学，湖南生物机电职业技术学院的向晓，她不仅以她自身的努力和勤奋感染我，而且还不断激励我完成专著，并为本书提供参考意见，让我克服了在写作中所遇到的困难和问题。感谢本书参考文献中提到的所有学者，他们的学术灼见让我产生灵感。感谢我的家人，他们默默的支持与理解，让我得以完成书稿。最后对参与出版此书的所有编辑和工作人员一并深表谢忱。

目 录
CONTENTS

第一章 引论 ………………………………………………………… 1
    第一节 选题缘由 ………………………………………………… 1
    第二节 研究现状 ………………………………………………… 2
    第三节 研究问题 ………………………………………………… 4
    第四节 研究方法 ………………………………………………… 5
    第五节 基本内容 ………………………………………………… 7

认知篇

第二章 认知与基本词汇 …………………………………………… 11
    第一节 原型范畴与词汇 ………………………………………… 11
    第二节 基本词汇与构词 ………………………………………… 16
    第三节 小结 ……………………………………………………… 19

第三章　认知与词汇语义 ···················· 20
第一节　认知与词义 ························ 20
第二节　词义演变的认知分析 ················ 33
第三节　通感现象的认知分析 ················ 40
第四节　认知框架下的词义分析 ·············· 45
第五节　小结 ······························ 53

第四章　认知与词汇搭配 ···················· 54
第一节　习语的认知分析 ···················· 54
第二节　短语动词的认知分析 ················ 62
第三节　小结 ······························ 72

第五章　认知与词汇理据 ···················· 74
第一节　语言符号的象似性 ·················· 74
第二节　词汇象似性 ························ 79
第三节　小结 ······························ 89

功能篇

第六章　词汇与语篇 ························ 93
第一节　词汇与语篇模式 ···················· 93
第二节　词汇与语篇评价 ···················· 99
第三节　小结 ······························ 116

第七章　词汇与文体 ························ 118
第一节　口语语篇的词汇特征 ················ 119
第二节　叙事语篇的词汇特征 ················ 127

第三节　商务语篇的词汇特征 ························· 132

　　第四节　小结 ··· 138

第八章　词汇与语用 ··· 139

　　第一节　词汇语用意义的界定 ························· 140

　　第二节　词汇语用意义的理据 ························· 142

　　第三节　词汇语用意义的分类 ························· 144

　　第四节　词汇语用意义的理解 ························· 148

　　第四节　小结 ··· 153

教学篇

第九章　词汇教学 ··· 157

　　第一节　词汇教学的多维性 ···························· 158

　　第二节　词汇教学模式 ·································· 177

　　第三节　语块教学 ······································· 187

　　第四节　小结 ··· 205

第十章　词汇学习 ··· 207

　　第一节　词汇学习机制 ·································· 207

　　第二节　词汇学习策略 ·································· 220

　　第三节　词汇学习途径 ·································· 227

　　第四节　小结 ··· 233

参考文献 ·· 234

第一章

引论

词汇既是语言也是言语交际的基本单位。英语词汇不仅是英语词汇学的研究对象，而且是许多其他语言学学科研究的内容。因此，英语词汇研究呈多学科交叉的特点，这表明从多角度、多层次研究词汇更能丰富词汇知识，有助于学习者了解和掌握词汇本质与规律，提高词汇学习效果，从而加深对词汇体系的认识和理解，并在言语交际中恰当使用词汇。

第一节 选题缘由

语音、词汇和语法是语言基本的组成要素。从索绪尔开创现代语言学以来，语言学家的研究领域集中在语音方面，后来的转换生成语言学将语法视为研究重心，而词汇作为语言的构成要素之一，其研究一直受到忽视和冷落。著名学者 Wilkins 说过："没有语法，人们不能表达很多东西，而没有词汇，人们则无法表达任何东西。"在外语教学中，学生普遍反映最大的难点之一是学习和使用词汇。学习词汇的难度远远超过语法。语法规则是有限的，语法知识可以在一定时间内掌握，而词汇的数量庞大，一个人不可能掌握所有的词汇，而且词汇处于动态发展中，新词的不断产生反映了现实世界和社会的变化，应该说，词汇是人们与现实最为接近的层面。语言学的发展拓宽了词汇研究的视野，除传统语义学外，语篇分析、文体学、语用学，以及最新兴起的认知语言学等都涉及词汇的研究。人们对词汇结构、词汇与语言外因素如认知、语用、文化的关系有了重新认识，词汇研究已呈现出从语言内部向外部、静态到动态研究的趋势。因此，揭示英语词汇的特点和规律，让学习者对词汇规律和功能有较全面的认识，有利于提高词汇学习效率，从而提高学习者语言运用能力和交际能力。

第二节 研究现状

一、国外研究现状

词汇研究已形成一门学科，即词汇学（Lexicology）。词汇学以某一语言的词汇作为研究对象。英语词汇学在西方语言学界一直备受冷落。在外语教学与研究出版社引进的国外语言学文库中，涵盖了语言学和应用语言学的 26 个分支学科，其中没有词汇学这一学科。词汇的研究主要归属于语义学研究的范围。语义学中对词汇的研究主要包括词义的变化、词的语义成分分析、语义场和词义的组合和聚合关系，如上下义、同义、反义、部分和整体关系以及搭配关系，这些已成为传统词汇语义学研究的主要内容，但基本以描写词汇现象为主。1995 年，Hatch 和 Brown 的《词汇、语义学和语言教育》（*Vocabulary, Semantics and Language Education*）一书中介绍了语义学中词汇的研究成果，并将成果应用到词汇教学中。西方有关词汇学的专著并不多,自20世纪90年代起,相继出版的了一些词汇学专著,如1990年由Max Niemeyer出版的《英语词汇学纲要:词汇结构、词汇语义学和构词法》(*An Outline of English Lexicology: Lexical Structure, Word Semantics and Word Formation*),1993年Jean Tournier的《英语词汇学概论》。这些专著的出版表明词汇学已逐渐得到重视并在现代语言学中占有一席之地。2000年,英国学者Howard Jackson和Etiennne Ze Amvela合著《词、意义和词汇:现代英语词汇学引论》(*Words, Meaning and Vocabulary: An Introduction to Modern English Lexicology*)一书,反映了西方研究词汇的最新动态。其研究范围包括构词法、词的意义关系、词的使用和词典编撰。本书的最大特点是涉及词的使用。作者将词分为核心词汇和专门词汇,有些词可以在各个场合使用,是核心词汇,而有些词的使用受到语境的限制。

二、国内研究现状

我国从20世纪80年代起,陆续出版了英语词汇研究的专著,其中主要有:陆国强(1983;1999)的《现代英语词汇学》,张维友(2003)的《英语词汇学教程》,汪榕培(1997;2002)主编的《英语词汇学教程》和《英语词汇学高级教程》。这些专著的研究范围和内容从专著中的各章标题可以得知。陆国强(1983)的《现代英语词汇学》的内容有:词的概述;词的结构和词的构成方法;词的理据;词的语义特征;词义的变化;词的语义分类;词的联想与搭配;英语习语;美国英语和词的使用和理解;在1999年的修订版中,增加了词汇衔接、词汇衔接和连贯两个内容。张维友(2003)的《英语词汇学教程》的内容有:词和词汇的基本概念;英语词汇的发展;词汇的形态结构;构词法;词义和成分分析;意义关系、词义变化;意义和语境;英语习语;

英语词典；词汇学习。汪榕培（1997）主编的《英语词汇学教程》的内容有：英语词汇概说；基本构词方法；词义的组成；一词多义与同形异义；词义关系；词义的变化；词义演变的原因和过程；英语词汇的来源；英语词汇的国别特征；英语成语；短语动词；英语词典。值得一提的是，在汪榕培（2002）主编的《英语词汇学高级教程》中，除了上述研究内容外，还涉及词汇的社会研究、文化研究、修辞研究、语用研究和教学研究。这些研究成果有力推动了英语词汇研究向纵深发展，从词汇本体知识的描写到词汇在语境中的运用，不断开拓研究范围和研究视角。以上学者的研究表明词汇研究已涉及多个学科，仅从词汇内部研究并不足以揭示词汇的本质和规律，一方面词汇研究应置于整个语言系统中，如与语音、句法、语篇的结合，而不是孤立地进行研究，另一方面应借鉴其他学科的研究成果，深化对词汇的认识。

第三节　研究问题

语言学研究的不断深入使人们对词汇结构、词汇与语言外因素如认知、语用、文化的关系有了重新认识。词汇研究可从两个方面展开，一是从语言内部描述词汇结构，如构词、词义和意义关系、词汇搭配，二是从语言外部研究词汇在语境中的意义和功能。汪溶培在《英语词汇学高级教程》中指出，词汇研究要将语言研究和语用研究相结合。英语词汇的语言研究是在语言语境内研究英语词汇，这是词汇的传统研究内容，英语词汇的语用研究是在言语语境内研究词汇，是词汇研究的最新研究内容。在言语语境中研究词汇是强调词汇的使用和功能，是一种动态的研究视角。兴起于20世纪80年代的认知语言学将词汇语义作为一个重要的研究内容,从人的身心体验出发,阐释词义形成的认知规律,强调意义形成的认知、语用和文化因素。在认知语言学理论框架下研究词汇的论文较多,但研究内容较为分散。在目前英语词汇的专著中很少涉及词汇的认知研究。本书从认知、功能和教学三个角度研究词汇,在内容上吸收了最新的语言学和语言教学的研究成果。具体研究以下问题:

1. 认知语言学怎样阐释基本词汇?
2. 认知语言学怎样阐释词义发展和演变规律?
3. 认知语言学怎样阐释习语和短语动词?
4. 认知语言学怎样阐释词汇理据?
5. 词汇怎样体现语篇的宏观组织模式?
6. 词汇怎样体现语篇评价意义?
7. 不同语篇中的词汇特征是什么?
8. 怎样界定和理解词汇的语用意义?
9. 怎样全面系统地掌握词汇知识?
10. 构建怎样的词汇教学模式有利于词汇的掌握和使用?
11. 怎样展开以语块为中心的词汇教学?
12. 怎样提高词汇记忆和学习效果?

第四节　研究方法

本书是对英语词汇的多角度、多层面研究,揭示词汇形式和词汇意义形成的认知理据以及词汇在语境中具有的功能和意义,拓展了词汇研究的领域和范围,加深了对词汇本质特征、规律的认识和理解,并为词汇的实际运用提供理论依据，从内容和方法上构建词汇教学模式和学习模式，为英语词汇教学和英语教学提供参考和指导。

一、描写与解释相结合

当今语言学的研究趋势是从语言现象的描述转向语言现象的解释，从语言内部转向从语言外部去寻找动因。本书力图从在对语言形式描写的基础上，从认知和功能角度解释语言现象形成的原因。如运用认知语言学的原型理论、隐喻、转喻、框架理论、意象图式、象似性理论对构词、词义演变、一词多义现象、通感现象、习语、短语动词的阐释，运用评价理论、关联理论对词汇评价意义和语用意义进行描述与解释，这些研究成果充分揭示了词汇形式和意义的认知理据和功能。

二、理论与实践相结合

注重理论的应用研究和实践。理论来源于实践，又服务于实践。任何语言学理论都是在大量语言事实分析的基础上总结、归纳、概括和抽象出来的，是语言本质和规律的体现。一方面运用相关理论研究词汇现象，并将研究成果指导英语词汇教学实践，让学习者掌握和理解词汇规律，从而促进词汇习得；另一方面理论需要在语言实践中得到检验和发展。

三、综合研究方法

多角度、多层面研究词汇充分体现语言学研究的学科交叉性，更有助于揭示词汇系统的规律和特点。本书注重吸收和运用语言学研究的新成果，如从认知角度研究词汇结构，即构词、词义的演变、词汇搭配，从功能角度研究词汇与语篇、语境、语用和文体的关系，涉及语篇分析、语用学和文体学，强调词汇现象的解释与词汇使用。

四、对比分析方法

对比是认识事物和研究事物的一种基本方法。事物的特征往往能在对比中显示出来。不同语篇中的词汇对比，可以了解词汇在语篇中的功能，以及语篇的整体特点，如口语语篇和书面语篇中的词汇特征。此外，英汉两种语言在词汇层面所体现出的文化语义非常丰富，通过适当的对比研究，可以了解语言的共性和特性，如通感现象，在认知上都呈现一定的规律性和共性，但认知方式受到文化模式的制约，因而两种语言中通感词汇具有各自独特的意义。

第五节　基本内容

本书分为三部分，即认知篇、功能篇和教学篇，共十章。

第一章　主要阐述选题的意义，在综述国内外词汇研究现状的基础上，提出本书的研究内容、研究问题和研究方法。

第二章　从认知的角度阐述基本词汇的形成和特点，基本词汇与构词，基本词汇和非基本词汇的区别。

第三章　在词汇语义方面，运用认知语言学的隐喻、转喻和框架理论阐释词义形成和演变的基础、机制和模式；分析通感现象的跨域映射的规律和文化差异；框架知识对词义理解和选择的影响。

第四章　在词汇搭配方面，运用隐喻、转喻和意象图式理论阐释英语习语和短语动词的特点和意义形成的理据。

第五章　在词汇理据方面，运用象似性理论阐释词汇的语音、词形、词义、词序形成的理据。

第六章　在语篇方面论述词汇在语篇宏观组织中的作用，词汇的评价意义、评价模式和词汇隐喻的评价功能。

第七章　在文体方面揭示口语语篇、商务语篇和叙事语篇中的词汇特征，并结合语境因素解释词汇运用的动因。

第八章　在语用方面从词汇语用意义与词典意义的联系与区别界定词汇的语用意义，然后探讨词汇语用意义的类型、语用意义形成的主客观因素，认知语境在语用意义理解中的作用。

第九章　在词汇教学方面提出词汇教学的多维性，即词形、词义、语义关系、语篇、语境和策略维度；以建构主义和认知语言学为理论基础构建体验式互动词汇教学模式；提出语块教学成为词汇教学的中心。

第十章　在词汇学习方面分析外语词汇习得的特点、根据记忆特点和原理，采取有效的学习词汇的方法；探讨元认知理论在词汇学习中运用；探讨语言学习策略、词汇学习策略的分类、策略培训和策略运用，以及词汇习得的直接和间接途径。

认知篇

第二章

认知与基本词汇

英语词汇十分丰富,除英语词典中所收录的词汇外,新词仍在不断地出现。英语学习者不可能掌握和记住所有的词汇。其中有些是最常用的,也是学习者首先需要掌握的词汇,这些词汇就是基本词汇。基本词汇所表示的是与人们生活密切相关的事物,其形成是人类认知的结果。世界万物划分为不同的范畴是基于人的认知能力,涉及感知、判断、记忆等。人们通过范畴化认识世界、了解世界。

第一节 原型范畴与词汇

一、原型范畴与基本层次范畴

(一)原型范畴

客观世界纷繁芜杂,千变万化。人们为了认识世界、了解事物的结构和事物间的联系,必须对各种事物分类,这样才能有效记忆和储存。人们根据事物和现象的特性进行分析、判断和归类。这种主客观相互作用对事物分类的过程就是范畴化过程(categorization),其结果是认知范畴（cogntive category）。范畴化的过程十分复杂，如对自然现象的范畴化过程包括刺激、选择、鉴别、分类和命名。因此，范畴化是采取分析、判断、综合的方法将千变万化的事物进行分类和定位的过程，是人类最基本的认知活动之一，在此基础上人类才具有了形成概念的能力，才有了语言符号的意义。由此看来，范畴并不是对世界现象的任意的区分，而是基于人类认知能力的。那么，人们如何对事物进行范畴化？原型范畴理论认为原型（prototype）在范畴化过程中有着重要的认知参照作用。该理论是在批判范畴的经典理论（classical theory）的基础上建立起来的范畴观。经典理论认为范畴是客观事物在大脑中的机械反映，是通过一组拥有共同特征而建构起来；范畴的边界是明确的，其所有成员均地位平等。哲学家 L. Wittgenstein① 首先从"游戏"范畴发现了经典理论的局限性。Wittgenstein 认为各种游戏是由交叉相似性网络连接起来的，并提出家族相似性原则（family resemblance）。后来心理学和人类学研究都对经典的范畴观提出大量反证。Berlin 和 Kay② 的研究表明，颜色范畴不是任意的，而是固定在焦点颜色上的。美国心理学家 Rosch③ 通过实验证明，焦点色在感知上比非焦点色显著；在短时记忆中得到更准确的记忆，并且在长时记忆中更容易保留；焦点色的名称能被更快地给出并为孩子更早习得。焦点色具有特殊的感知和认知的显著性。在此基础上 Rosch 提出原型范畴，即范畴是围绕原型建构的，并将原型扩展到其他生物体、物体等实体上。如在对"鸟"范畴的研究中

---

① Wittgenstein, L., *Philosophical Investigation*, Oxford: Black, 1958.
② Berlin, B. & Paul Key, *Basic Color Terms: Their Universality and Evolution*, Berkeley, Los Angeles: University of California Press, 1969.
③ Rosch, E., "On the internal structure of perceptual and semantic categories", in Timothy E. Moore (eds.), *Cognitive Development and the Acquisition of Language*, New York: Academic Press, 1973, pp. 111 – 144.

发现，知更鸟是这一范畴的最好样本，即原型样本，而鸵鸟则是这一范畴的差样本，即边缘样本。由此可见，原型范畴有以下特点：范畴成员之间具有互相重叠的属性组合，即内部成员依靠家族相似性联系在一起；成员之间的地位是不平等的，有中心成员和边缘成员，具有更多的共同属性的成员是中心成员，即原型成员；范畴的边界是模糊的，在边缘上与其他范畴相互交叉。

（二）基本层次范畴

范畴化导致了等级结构的产生，从最具概括性的范畴到最特例的范畴形成的层次结构。例如：

furniture	animal	plant	上位范畴
chair	dog	tree	基本层次范畴
rocking chair	poodle	pine	下位范畴

认知科学发现人类是从基本层面开始认识事物的。在范畴化的过程中，基本层次在认知上比其他层次更加显著。在此层面上所感知的范畴叫基本范畴（basic level category）。基本层次范畴的重要性体现在以下方面。

1. 感知：基本层次范畴具有整体感知形状和心理意象，能被快速识别。

2. 功能：人类与外界事物互动时，对基本层次范畴上所进行的动作最为丰富和详细。

3. 交流：基本层次范畴的名称最短，在言语交际中经常被使用，最先被儿童习得并进入心理词库。

4. 知识组织：基本层次范畴具有最多的分类属性和信息量。这些属性使范畴内成员拥有相似性，并区别于其他范畴。

基本层次范畴之所以具有上述功能，是因为它们以原型为参照建构起来的。原型使得基本层次范畴的完型感知和区别性最大化。原型范畴在基本层次上得到最好的体现。所以，具有原型特征的基本层次范畴是人们对世界进行范畴化的有力工具。

上位范畴（superordinate category）寄生于基本范畴之上，缺乏完形特征。它们依赖基本范畴获得完形和大部分属性。其特点是突出所属范畴成员的普遍属性，这些属性也为所有的各个基本层次范畴所共有。下属范畴（subordinate category）是在基本范畴上进一步的切分，也是寄生范畴，其特点是突出特殊属性。与基本层次范畴相比，下位范畴成员之间的相似性高，其微小差别让人们难以区分原型、中心成员和边缘成员。

根据范畴的特点，认知范畴不是离散的，范畴之间没有清晰的边界，因而范畴层级之间并不是截然分开，而是一个渐进体。例如 flower 的下位范畴中，rose 已成为基本层次范畴。

二、基本词汇与非基本词汇

在不同范畴等级上形成了不同的词汇范畴，构成一定的词汇等级结构，基本层次词汇具有特殊的地位。

（一）全民性。基本词汇表示的是客观世界中与人们日常生活密切相关的最基本的事物、最基本的行为和最普遍的特性等概念的词语。由于人类生活在相似的客观世界中，因而这些词语所反映的概念，在人类语言中是普遍存在的。这些词语也是不同国家、不同地域、不同文化背景的人们能够相互交流的基础。

（二）稳定性。客观世界是变化的，词汇层面最能反映这些变化。随着时代的发展，有的词汇逐渐消亡、新词不断产生或旧词被赋予新义。但基本词汇指称的是普遍的事物与现象，具有相对的稳定性。

（三）常用性。基本词汇在文体方面属中性词，可用于多种交际场合。基本词汇多是词形简单、音节较少的不可分析的本族语词，使用频率最高。

（四）能产性。基本词汇的数量有限，但其构词和搭配能力强。基本词汇通过合成构词法形成大量复合词，而且构成大量短语、谚语和习语。

（五）多义性。基本词汇一般有具体的形象，容易引起人们丰富的联想，比起其他词汇具有更多的隐喻和转喻意义，尤其是表示日常生活中常见的植物、动物、基本颜色词、食物和人的身体部位的词汇蕴含丰富的隐喻意义，并且这些意义都具有文化含义。

非基本词汇分为以下类型：

古词语：古词语一般在现在的口语和书面语中废弃不再使用，但在法律以及文学、新闻作品中偶有出现，以取得特定的效果或目的。如well nigh（=almost），albeit（=although），thou（=you），wilt（=will），hereof（=concerning this），hereat（=because of this）；

新词语：新词语是指新造的词语或获得新义的词语。这些词语反映了各个领域出现的新事物或是一些临时造词。这些词语使用范围有限或是没有被普遍接受，例如 fire ant（火蚁），antimatter（反物质），moonfall（月面着陆），big foot（巨足兽），Christmasy（像过圣诞节似的）；

俚语：俚语是通俗的口头词语，是只在一些特定群体中使用的词语。例如 cancer stick（香烟），cut class（逃学），apple-polishing（拍马屁），smoke eater（消防队员），clock watcher（干活磨洋工的人），nut（怪人）；

行话：行话是通行于某一行业中的特殊用语，这类用语对于外行人来说难以理解，如消防队员把最年轻的队员称为 oyster；

专业术语：专业术语是某一学科内专门使用的词语，如物理学中 superconductor（超导体），语言学中 phoneme（音位）；

方言：方言是一个地区或社会集团的成员所使用的语言变体，分为地域方言和社会方言两种。例如"dragonfly（蜻蜓）"在美国的北部方言中是 darning needle，在南部方言中是 snake doctor，在中部方言中是 snake feeder。

非基本词汇可以转化为基本词汇，如 jeep, baby-sitter, bus, lab, jazz, pants, chap, VIP, bet, trip, fun 等，原来是俚语，现已成为基本词汇。还有一些新词由于反复使用已被人们所熟知，也已进入基本词汇，如 mail order（邮购），multimedia（多媒体），e-mail（电子邮件），network（网络），online（上网）等。

第二节 基本词汇与构词

一、基本词汇与复合词

基本词汇包括常用的具体和抽象名词。如指自然现象的 air, sun, star, sky, earth, snow, rain, spring, winter, mountain；指人体各部分的 head, foot, arm, hand, face, heart, mouth；各种动物的名称如 horse, cow, dog, cat, bird；各种食物的名称如 bread, water, milk, rice, meat；亲属关系词如 sister, brother, father, mother；表示情感的名词如 hate, love, fear, joy；表示基本行动的动词如 go, come, run, walk, swim, see, hear, feel, think；表示基本性质的形容词，如 good, bad, big, small, long, white, black 等；表示空间关系的介词，如 in, out, up, down, at, on, over, with 等。基本词汇通过合成法构成大量的复合词。如复合名词 airplane, raindrop, shoelace, apple juice, reading lamp, jump suit, nightfall, snowfall, sunrise, sunset, football, waterfall; 复合形容词 life–long, grass–green, home–sick, stone–deaf, care–free, icy–cold, red–hot, bitter–sweet; 复合动词 speed–read, honeymoon, outline, overlook 等。

二、基本词汇与下位范畴词

英语中的下位范畴词有两种构成方式。

（一）独立型

指下位范畴词由单独一个词语构成。

1. tree

pine（松树），oak（橡树），willow（柳树），pear（梨树），cypress（柏树），birch（桦树），elm（榆树），spruce（杉树），ginkgo（银杏树），banyan（榕树），peach（桃树），mulberry（桑树），palm（棕榈树），cherry（樱桃树），poplar（白杨树），sycamore（梧桐树），maple（枫树）

2. flower

daisy（雏菊），rose（玫瑰花），daffodil（水仙花），lily（百合花），tulip（郁金香），violet（紫罗兰），hyacinth（风信子），orchid（兰花），chrysanthemum（菊花），crocus（番红花）

3. walk

hobble（蹒跚），amble（缓行），stroll（漫步），wander（漫游），stride（迈步），march（正步），pace（踱步），stamp（跺脚），tiptoe（尖起脚走），stagger（踉跄），shuffle（拖着脚步走），totter（趔趄着

走），plod（稳步地走），trudge（吃力地走），stump（僵直地走），limp（跛行），waddle（摇摇摆摆地走），stumble（东倒西歪地走），strut（昂首阔步）

4. laugh

smile（微笑），snicker（暗笑），jeer（嘲笑），sneer（嗤笑），flout（耻笑），grin（露齿而笑），chortle（哈哈大笑），jest（俏皮地笑），simper（憨笑），guffaw（狂笑），mock（讪笑），scoff（取笑），smirk（偷笑），chuckle（抿着嘴笑），titter（嗤嗤地笑），fleer（轻蔑地笑），chaff（打趣地笑），twit（讥笑），snigger（暗笑）

5. look

gaze（凝视），stare（盯着看），glare（怒目而视），glimpse（瞥见），glance（扫视），peek（窥视），peer（仔细看），peep（偷看），squint（眯着眼看），scan（扫视）

6. fear

afraid（害怕的），scared（吓坏的），frightened（恐惧的），terrified（恐怖的），petrified（吓呆），horrified（毛骨悚然的），dread（害怕），alarmed（惊慌的），panic（恐慌的）

（二）复合型

下位范畴词由两个词语构成。

raincoat（雨衣），wheelchair（轮椅），blackbird（黑鹂），bluebird（蓝鹂），buttercup（毛茛），snowdrop（雪花莲），evergreen（常青树），cocktail（鸡尾酒），sling chair（吊椅），electric chair（电椅），easy chair（轻便椅），rocking chair（摇椅），armchair（扶手椅），coffee table（咖啡桌），blackberry（黑莓），strawberry（草莓），chestnuts（栗子），peanuts（花生），eggplant（茄子），pineapple（菠萝），mushroom

（蘑菇），seaweed（海藻）

第三节 小结

范畴的经典论用一系列的充分必要条件来界定范畴，认为范畴内成员的地位都是相同的，不同范畴之间存在清晰的界限。原型论认为范畴是围绕原型而构成的，范畴成员具有家族相似性。基本层次范畴是人类范畴化的基点，具有分类的中心地位特征。基本层次范畴是以原型为参照建构而成，因而在内部相似性和外部区别性达到了平衡。在此层次上向上发展为上位范畴，向下发展为下位范畴，从而形成上下位层级关系的范畴结构。在基本层次范畴上形成的词汇具有全民性、稳定性、常用性、能产性和多义性，是语言习得的基础。

第三章

认知与词汇语义

词汇语义主要包括词义的形成和演变。结构语言学主要是从语言内部描述词汇语义现象，如语义成分分析，词义的聚合和组合关系分析。认知语言学主要研究人类的概念系统，概念如何形成，概念如何获得意义，并将语义形成的过程等同于概念化过程。本章分析认知方式和认知过程对词义形成和词义变化的影响，旨在解释词义变化发展的认知理据。

第一节 认知与词义

词语是音义的结合体。其中词义最能反映客观事物、社会现象和观念的变化与发展。一个词语的意义构成一个意义范畴。语义范畴的扩大是通过隐喻和转喻思维。隐喻和转喻不再是传统意义上的用于修饰话语的修辞手法，而是一种对事物进行思维的方式。英语词汇中充满了各种常规或规约化的隐喻和转喻表达，虽然这些表达通常没有被语言使用者意识到，但是已成为人们日常语言中最活跃、最有效的部分。Ungerer

和 Schmid[①] 指出，从认知的观点来看，真正最重要的隐喻是那些通过长期建立的规约关系而无意识地进入语言的隐喻。

一、隐喻与词汇

（一）隐喻

隐喻研究已历经两千多年。传统的隐喻研究把隐喻当作是一种用于修饰话语的修辞现象，是正常语言规则的一种偏离。隐喻的修辞功能主要是使语言简练、生动和新奇。当今隐喻研究已大大超出修辞学研究范围，众多学者和语言学家从不同学科和角度探索隐喻的本质、功能和工作机制。其中以 Lakoff 为代表的认知语言学家从认知的角度对隐喻进行了深入的研究，使人们对这一现象有了全新的理解。他们指出隐喻不仅是一种语言现象，而且是人类思维的重要手段，它直接参与人类的认知过程，是人类认知世界的方式之一。隐喻是一种普遍现象，人们每时每刻都在使用大量的隐喻。人类的概念系统就是建立在隐喻之上的，隐喻概念是构成语言的基础。Lakoff 和 Johnson[②] 主要研究日常生活普遍存在的系统化的概念隐喻（conceptual metaphor），即人们常以一个概念去认知、理解和建构另一概念，这与修辞格中的隐喻是不同的。概念隐喻本身不一定是具体的语言表达，它是归纳语言事实后的抽象，在深层制约着语言表达的一种认知机制或模式。如我们说 I'm feeling up. /My spirits rose. /You are in high spirits。这些语言实例的概念隐喻是 Happy is up。Lakoff 和 Johnson 以大量的语言实例说明隐喻在日常生活中无所不

---

① Ungerer, F. & H. J. Schmid, *An Introduction to Cognitive Linguistics*, Beijing: Foreign Language Teaching and Research Press, 2006, p. 117.
② Lakoff, G. & Johnson M., *Metaphors We Live by*, Chicago: The University of Chicago Press, 1980, pp. 4–5.

在，不但在我们的语言中，而且在思维和行为中。我们赖于进行思考和行动的日常概念系统在本质上也是隐喻性的。这种"隐喻认知观"的提出具有开创性意义，其实质是人们借助一个概念域结构去理解另一个不同的概念域结构的过程。从隐喻的修辞功能到认知功能的研究，不断加深了人们对隐喻现象本质的认识和理解。隐喻在认知语言学中被认为是对抽象范畴进行概念化的有力的认知工具，是新的语言意义产生的根源，在词汇语义范畴发展中起着重要的作用。隐喻的认知基础是基本层次范畴和意象图式（image schema），它们来源于日常生活的基本经验，在概念的映射中起着重要作用。

Lakoff指出概念隐喻具有普遍性、系统性和认知性，并提出隐喻认知模式。该模式包括三个基本成分，源域（source domain）、目标域（target domain）和映射范围（mapping scope）。"域"也称为"认知域"（cognitive domain）或"认知模型"（cognitive model）。认知模型是关于某一领域储存知识的认知表征，由概念及概念之间的联系构成。认知模型有两个重要特征：一是无限性，人们很难穷尽对认知模型的描写；二是关联性，认知模型中的成分不是孤立的，而是相互联系的。认知模型影响我们的认知活动。[1] 在Time is money这个隐喻中，我们通过money这个概念对time进行思考和概念化，但money和time不是孤立的概念，而是处在认知模型之中，所以我们将money称为源域，time称为目标域。隐喻的认知力量就在于将源域的图式结构映射到目标域上，即从一个比较熟悉、易于理解的源域映射到一个不太熟悉、较难理解的目标域，在两个认知域之间形成系统而稳定的对应关系（correspondence），让我们通过源域的结构来构建和理解目标域。这种映射不是随意的，而

---

[1] Ungerer, F. & H. J. Schmid, *An Introduction to Cognitive Linguistics*, Beijing: Foreign Language Teaching and Research Press, 2006, p. 45.

是受到映射范围的制约。映射范围可理解为一套限制，这套限制规定哪些对应有资格从源域映射到选定的目标域上。这些限制不仅有助于避免将任意一种特征从源域转移到目标域上，而且有助于激发可能对应的范围。隐喻的映射范围本质上反映出我们所处世界的概念经验。① 映射范围中的限制成分有意象图式、基本相互关系以及文化评价。意象图式根植于我们的身体经验，是人类共有的空间图式，如里外、上下、容器图式、路径图式、连接图式等。基本相互关系是事物之间的关系，如变化－运动关系，因果关系、出现－存在关系。文化评价指某一特定的言语社团所拥有的对事物的评价属性，如对"狗"的评价，西方文化中多为褒义，而在中国文化中多带有贬义色彩。其中意象图式和基本相互关系具有普遍性，而文化评价则决定映射的文化特殊性。例如在 Life is journey 这一隐喻中，激活的映射范围包括路径意象图式，变化－运动，目的－目标这样的基本相互关系，而不是上下图式或原因－结果这种关系。

  隐喻是人类运用联想或想象，根据概念的相似性，将一个概念投射到另一个概念。由此可见，隐喻构建的基础是相似性，相似性一旦确立，隐喻也随之建立。概念之间的相似性是基于人类的完形感知的认知心理，即人类在认知世界事物时，其整体知觉往往大于部分知觉之和，而且感知整体比感知部分更为容易。完形感知对信息的组织具有一定的规律。其中相似性原则就是指人们容易将相同或相似的东西看作是一个单位。相同或相似的事物被给予相似的名称，类似事物可用来互为比喻。② 根据相似性原则，人们在认识事物或感知信息时，往往将相同或

---

① Ungerer, F. & H. J. Schmid, *An Introduction to Cognitive Linguistics*, Beijing: Foreign Language Teaching and Research Press, 2006, p. 130.

② 赵艳芳：《认知语言学概论》，上海外语教育出版社 2001 年第 1 版，第 97 页。

相似的事物归为一类。世界上并不存在完全相同的事物，相似也有程度差别，从完全相似到部分相似再到某点相似。隐喻相似性是认知相似性，寻找、判断和确立事物相似性都涉及认知活动。王文斌①认为隐喻的相似性有两种，一是形似，二是神似。所谓形似就是指始源域与目标域两者之间存在客观上的共有特性，即物理相似性。神似是指始源域与目标域两者之间存在主观上的共有特性，即心理相似性。不论是形似还是神似都是施喻者认知加工或主体自洽的结果。

隐喻认知模式植根于我们的身体和物质经验（bodily and physical experience），并在语言和概念形成过程中起着重要作用。例如：

He attacked every weak point in my argument.

They defended their position ferociously.

He withdrew his offensive remarks.

His criticisms were right on the target.

I demolished his argument.

I've never won an argument with him.

If you use that strategy, he'll wipe you out.

这些话语中都隐藏着一个概念隐喻 argument is war，争论是一场"战争"，通过两域间的映射，"战争"这一概念域的相关概念和关系系统地转移到了"争论"这一概念域，所以"争论"也有进攻、防御、撤退、反攻、输赢等，人们因而把用于谈论"战争"的概念的各个方面的词语（如 attack, defend, withdraw, target, demolish, win, wipe out）用于谈论"争论"，由此形成了对"争论"概念更为深层的认识和理解。

---

① 王文斌：《隐喻的认知构建与解读》，上海外语教育出版社 2007 年第 1 版，第 239 页。

(二) 隐喻与词义

隐喻作为一种思维和认知工具，是词义拓展的主要途径。人们最初创造并使用的第一批词汇多表示具体事物，后来人们又用它们命名其他相似的具体事物。当人类从具体概念中逐渐获得了抽象思维能力的时候，往往借助于表示具体事物的词语表达抽象的概念。正如"抽象"二字所示，任何抽象的概念都是从形象思维抽"象"而来，这种抽象认知能力就创造了人类隐喻语言。[①] 一个词语的基本词义由于隐喻的作用而发展了其他意义，有些词义被反复使用和联想，逐渐失去其修辞意义，转化为字面意义，并成为该词的义项。Ungerer 和 Schmid[②] 把这种隐喻叫作常规的、词汇化的或者死隐喻（conventionalized, lexicalized or dead metaphor）。他们列举了表示身体部位词语的常规隐喻意义。

head of department, state, government, page, a queue, a flower, stairs, a bed, a tape recorder, a syntactic construction

face of a mountain, a building, a watch

eye of a potato, a needle, a hurricane, a butterfly

mouth of a hole, a tunnel, a cave, a river

lips of a cup, a jug, a crater, a plate

nose of an aircraft, a tool, a gun

neck of land, the woods, a shirt

shoulder of a hill, a bottle, a road, a jacket

arm of a chair, the sea, a tree, a coat

hands of a watch, an altimeter

---

① 赵艳芳：《认知语言学概论》，上海外语教育出版社 2001 年第 1 版，第 100 页。
② Ungerer, F. & H. J. Schmid, *An Introduction to Cognitive Linguistics*, Beijing: Foreign Language Teaching and Research Press, 2006, p.117.

新事物的不断产生需要词语来表达。人们并不是无限创造新的词语来表示新事物，而是赋予旧词以新义，或通过构词法形成新的词语。隐喻认知方式促进了新词语形成。如计算机英语中的 virus，mouse，information highway，chatroom，cyberspace，menu，copy，store，databank，output，input，memory，surfing，address，cabinet，firewall，broadband，window，hacker，read 等。

（三）隐喻与构词

英语中一些复合词通过隐喻构成，具有隐喻意义。例如：bow-tie（蝴蝶结），bow-leg（罗圈腿），rainbow（彩虹），stone-deaf（完全聋的），hen-pecked（妻管严），zebra crossing（斑马线），chicken-hearted（胆怯的），honey-mouthed（甜言蜜语的），skin-deep（肤浅的），snow-white（雪白的），pea-green（浅绿的），grass-green（草绿的），pear-shaped（腹大腰圆），rubberneck（扭头观望），eye-ball（眼球），knee-cap（膝盖），eardrum（耳鼓），family tree（家谱），bottle-neck（瓶颈），dog-leg（急转弯），bluebell（蓝铃花），leapfrog（越级跳），pitch-dark（漆黑），cell phone（手机），pigeon-hole（文件格），goose-step（正步），mushroom（蘑菇），arrowhead（箭头），network（网络），wing collar（燕子领），junk mail（垃圾邮件），snail mail（蜗牛邮件），ice-cold（冰冷的），swordfish（剑鱼），footnote（脚注）。

一些动物名词可以转化为动词，表示具有这些动物特征的动作，因而具有了隐喻意义。例如：ape（模仿），dog（尾随），duck（潜入），fox（欺骗），leech（吸尽血汗），monkey（戏弄），parrot（模仿），snail（缓行），weasel（躲避），wolf（狼吞虎咽），worm（蠕动），shepherd（看管），fish（摸找）。

二、转喻与词汇

（一）转喻

隐喻以相似为概念基础，而转喻表示的是一种邻近关系（relation of contiguity），即用一个事物代表或联想到另一个相关联的事物。例如通过盛器联想到被盛的东西，或用地名指那里的人。例如：

1. The kettle is boiling.
2. We need some new faces around us.
3. There are a lot of good heads in the university.

例中 the kettle 表示 water，以容器代容器里的东西，而 new faces 表示 new people，good heads 代表 intelligent people，是部分代整体。

认知语言学家认为转喻同隐喻一样，在本质上都是概念现象，都可理解为映射过程。由此可见，转喻不只是一种代表或替代关系，也是对世界概念化的认知工具。Taylor[1] 认为转喻是一种比隐喻更为基本的意义拓展方式，因为我们首先通过邻近来认识事体之间的关系。Panther 和 Radden[2] 指出隐喻是基于从一个 ICM 向另一个 ICM 的映射，而转喻是指在同一个 ICM 之内的映射。转喻是一种可能比隐喻更为基本的认知现象。转喻可被理解为一种概念过程，在这个过程中，一个概念实体"目标体"，在心智上可通过同一个 ICM 中的另一个概念实体即"转喻体"来理解。这里的 ICM 是 Lakoff[3] 提出的理想认知模型（ideal cogni-

---

[1] Taylor, J. R., *Linguistic Categorization: Prototypes in Linguistic Theory*, Oxford: Oxford University Press, 1995, p. 124.
[2] Panther Klaus–Uwe & G. Radden, *Metonymy in Language and Thought*, Amsterdam: John Benjamin, 1999, pp. 1–2.
[3] Lakoff, G., *Woman, Fire, and Dangerous Things: What Categories Reveal about the Mind*, Chicago: The University of Chicago Press, 1987, p. 68.

tive model），是指特定文化背景中说话人对某领域中的经验和知识所做出的抽象的、同一的、理想化的理解，是建立在许多认知模型之上的一种复杂的、整合的完形结构。

  其实，人们在认识和理解范畴的过程中，也是以范畴中的典型或原型来认识和表达整个范畴，因为范畴中的原型成员具有认知上的显著性和代表性。这时转喻起着以"部分代整体"的认知作用。我国学者王寅①提出事件域认知模型（Event – domain Cognitive Model，简称 EDM）。人们常以事件域为单位来体验和认识世界的。人们在对许多具体事件体验和认识的基础上逐步概括出事件的抽象概念结构，并将其作为组织块储存于大脑之中，在此基础上形成了语言的各种表达。一个基本事件域主要包括两大核心要素：行为（Action）和事体（Being）。人们对于客观世界中同一个事体会有不同的命名。这涉及人的不同观察角度或识解。事体具有多个方面的属性，如特征、外形、材质、功能等。当人们强调或突出某一方面时，就有了不同的命名结果。这其中以某一属性表示整体的用法也是命名过程中的转喻现象。如汉语中的"眼镜"，强调位置，即放在眼睛前面的镜片，而英语中的"glasses"，突出制作的材料，即玻璃。同一个行为，包括动态性行为和静态性行为，是由很多具体的子行为或子动作构成的。一个事体是由很多个体构成的。事体包括人，事物，工具等实体。各事体又具有很多典型特征。这样，整个事件域不仅包括若干要素，而且各要素之间构成层级关系。人们可用同一事件域中的组成要素互代，或组成要素与整体之间互代，因而产生转喻模式。

  转喻模式发生在同一认知域或事件域中，概念之间通过邻近关系连

---

① 王寅：《认知语言学》，上海外语教育出版社 2007 年第 1 版，第 238 – 241 页。

接起来，而且通常都为具体概念。Ungerer 和 Schmid① 认为转喻的功能主要是指称功能（referential function），即目标概念通过源概念来指称，例如 hand 代表 crew，the white house 代表 the president。而当在 I'm all ears 中，转喻表现为突显功能（highlighting function），即 ear 用来强调人的听力特征。从认知的角度来看，转喻是同时具有这两种功能，因为转喻是在人类经验的基础上形成的。人们通常会用感知上突显的事物来充当源概念。Langacker② 把转喻的这一特点称作参照点现象（reference point）。"转喻基本上是一种参照点现象。更准确地说，通常由一个转喻词语指代的个体作为一个参照点，为接近欲表达的目标提供心理可及性。"参照点具有有效的认知和交际功能，能有效唤起目标概念。转喻普遍存在是因为人们具有选择参照点的能力。人们提及一个认知上突显的，更容易表达的个体来自动唤起一个非突显的或难以命名的目标概念。Langacker 提出一些能充当参照点的认知原则，如人类＞非人类，整体＞部分，具体＞抽象，有形＞无形等。

转喻能够建立也与映射范围有关。转喻的映射范围不仅包括意象图式和基本关系，还包括社会认可的百科知识。映射范围提供一个合适的解释语境来决定转喻映射的合适性。例如：

4. a. The university needs more clever heads.

   b. The university needs more hands.

5. a. The White House has launched a tax – cutting campaign.

   b. The greenhouse has launched a tax – cutting campaign.

---

① Ungerer, F. & H. J. Schmid, *An Introduction to Cognitive Linguistics*, Beijing: Foreign Language Teaching and Research Press, 2006, p.131.

② Langacker, R. W., "Assessing the cognitive linguistics enterprise", in T. Jassen&G. Redeker (eds.), *Cognitive Linguistics: Foundation, Scope, and Methodology*, Berlin: Mouton de Gruyter, 1999, p.199.

在句4中，在university的映射范围中，人们联想到head和person之间的联系，因为这种联系关注的是人的智力，而hand关注的是人的体力，这不适合"university"语境。在句5中，在含有减税的映射范围中，处所概念White House暗示着和president之间的空间关系，在这个映射范围中很难将greenhouse与president联系起来，因而5b的转喻关系无法建立。

（二）转喻与词义

转喻也是丰富语言的重要手段。日常语言中充满了各种转喻表达。许多词汇的转喻意义已经固化，成为规约化转喻。例如：

1. 部分代整体：lazy bone（懒骨头），scatter–brain（精神不集中的人），new face（新面孔），new blood（新生力量），the strings（弦乐器）

2. 服饰代人：bluestocking（才女），white–collar（白领），blue–collar（蓝领）

3. 处所代人或物：the chair（主席），the bench（法官），the White House（美国总统），main street（中产阶级），palmtop（掌上电脑），laptop（手提电脑）

4. 具体代抽象：heart（热情），brain（智慧），head（智慧），tongue（语言），the crown（王权）

5. 特征代事物或人：red tape（官样文章），skinhead（光头党），greybeard（老头），redskin（印第安人），redbreast（红胸鸟），black（黑人），Black Panther（黑豹党），Green Berets（绿色贝雷帽），high–rise（高层建筑），yellow pages（黄页电话簿），longhorn（长角牛），hunchback（驼背的人），highbrow（风雅之士），low–brow（缺少文化素养的人）

6. 材料代物体：metals（铁轨），gold（金牌），silver（银币），iron（熨斗），silks（丝绸衣），paperback（平装本），bronze（青铜制品），cotton（棉布），brass（铜管乐器），plastic（信用卡），glass（镜子）

7. 容器代内容：dish（一碟菜），plate（一盘肉），cup（一杯茶），bottle（酒）

8. 个体代普遍：bread and butter（生计），bread-winner（养家糊口者）

9. 特指代普通：

Champagne（法国地名）→ champagne（香槟酒）

Rugby（英国地名）→ rugby（橄榄球）

Sandwich（人名）→ sandwich（三明治）

Walkman（人名）→ walkman（随身听）

Xerox（商标名）→ xerox（静电复印）

（三）转喻与构词

转喻不仅使词义发生变化，而且是使词类发生转化。转类法是英语构词法中主要的方法之一，又叫零位派生，即无须添加任何词缀实现词类转化。转喻是这种构词法的认知基础。认知语言学家认为转类构词是利用了转喻的代表关系，或是部分-整体关系。

1. 名词→动词

在事件域认知模型中，参与者可代表动作，如施动者、工具、对象，身体的部位等代表动作，从而发生词类转换。例如：

施动者代表动作：father（抚养），tutor（教导），author（写），nurse（护理）

工具代表动作：ski（滑雪），hammer（用锤子敲打），saw（锯掉），

hand（递交），finger（用手指碰），brake（刹车），pump（抽水），sandpaper（用砂纸擦），lock（锁上）

对象代表动作：blanket（把毯子盖），cap（覆盖），dust（打扫灰尘），scale（刮鳞），pepper（撒胡椒），fool（愚弄），cash（兑换现金），group（编组），core（去核），skin（剥皮），peel（去皮），juice（榨汁），fuel（加燃料），shelter（掩护）

身体部位代表动作：tiptoe（踮着脚尖走），elbow（用肘推开），eye（注视），head（用头顶球），shoulder（肩负），knee（用膝盖顶）

处所代表动作：garage（把开进车库），corner（逼到角落），can（装罐），bottle（装瓶），pocket（装进口袋），cage（装进笼子）

2. 动词→名词

与名词转为动词的过程相反，在动词转为名词中，动作代表参与者或事件本身。

行为代表施动者：cheat（骗子），stand-in（替身），cook（厨师），lookout（瞭望员），sneak（鬼鬼祟祟的人），scold（老爱责骂的人），coach（教练），pickpocket（扒手）

行为代表工具：cover（封面），divide（分界线），wrap（包裹），catch（门扣），cure（药）

行为代表处所：drive-in（免下车餐馆），lay-by（路测停车带），dump（垃圾处），pass（关口），turn（转弯处），retreat（撤退处），hide-out（躲藏处）

行为代表事件：rise（上升），hit（打击），laugh（笑声），doubt（怀疑），desire（愿望），attempt（尝试），swim（游泳），walk（散步），rest（休息），breakdown（崩溃），standstill（停顿），showoff（炫耀），shut-down（停业），walk-out（退席）

行为代表结果：catch（捕获物），reply（回信），reject（废品），reserve（存储物），import（进口商品），find（发现物），leftover（残存物），produce（农产品）

第二节 词义演变的认知分析

词义演变（change of meaning）指的是词义的改变和新义的产生。我国学者主要研究词义演变的方式、原因和过程（汪榕培，1997；陆国强，1999）。词义演变的方式有词义的扩展和缩小、词义的升降，词义的转化。词义演变的原因则涉及外部社会和内部语言因素。随着认知语言学的兴起和引进，更多学者从认知角度研究词义演变的规律和理据（白解红，2001；林正军、杨忠，2005；廖光蓉，2005；王文斌，2007）。一个词语最初指称的是一个事物、现象、性质或行为，是单义词，然后逐步发展新义，形成多义词。词义演变虽然受到社会发展的影响，但在此过程中，不可忽视人的认知能力。认知语言学研究表明词义演变是通过人类认知方式如隐喻和转喻，由一个词的基本意义向其他意义拓展的过程，是人类认知范畴化和概念化的结果。

一、词义演变和一词多义

一词多义（polysemy）是词义演变的结果，指的是一个词语不同且相互联系的意义之间构成一个以基本义为原型的语义范畴，其产生即是一种普遍的语言现象，也是认知现象。Sweetser[①] 从认知角度考察三种

[①] Sweetser. E., *From Etymology to Pragmatics*. Cambridge: Cambridge University Press, 1990.

词义现象：一词多义，语用歧义和词义演变，同时指出词义演变是历时现象，词义引申造成共时平面上的一词多义。一词多义是词义历时演变过程中的必经阶段。一个词由 A 义演变为 B 义，必定经过一个 AB 二义共存的阶段，这个阶段就是一词多义。林正军，杨忠①认为多义词作为共时的符号系统，是词义的历时发展在共时屏幕上的投射，主张历时和共时相结合的分析方法。一词多义虽是共时现象，但并不是处在一个静态的语言层面，随着社会的发展，新义仍在产生，词义范畴处于动态变化之中。

二、词义演变和原型范畴

原型效应不仅存在于非语言的概念结构中，而且也存在于语言结构中，因为语言结构同其他概念结构一样，都是建筑于相同的认知机制之上。② 词义范畴中，有一原型意义或核心意义，是该语言社团成员想到的该词的第一个词义，也是儿童较早习得的词义。其他词义在它的基础上进一步延伸出来，它们的原型性依次递减，直到边缘意义。同自然范畴结构一样，词义范畴各意义之间通过家族相似性联系起来，这一特征揭示了词义演变的向心性和内在的稳定性。同时，随着词义的拓展，词义边界变得越来越模糊，使得边缘意义与其他意义范畴相互交叉，因而词义模糊性使得词义演变具有开放性和灵活性。

三、词义演变的基础

一个词语最初获得的意义是基本义或原型义。随着社会经济文化的

---

① 林正军，杨忠：《多义现象的历时和认知解析》，《外语教学与研究》2005 年第 3 期，第 362 – 367 页。
② 蓝纯：《认知语言学与隐喻研究》，外语教学与研究出版社 2005 年第 1 版，第 35 页。

发展和新生事物的产生，人们的认识和经验也不断扩大与丰富。人们并不是无限创造新的词语来反映客观世界的变化，而是赋予旧词以新义，于是词语概念不断扩充和延伸，继而形成一词多义现象。新义的产生导致词义的发展和词义的改变。词义发展是指在基本义上增加新义，词义范畴扩大；词义的改变是指新义的产生改变了基本义或原型义，基本义消失或成为边缘意义。

人类通过范畴化认识和了解客观世界。范畴是在主客体互动的基础上产生的，并作为心理概念储存在我们的大脑中。概念形成后以词语来表示，语言符号从而获得意义。如图1所示，词语不是对应于客观的外部世界，而是与在认知方式参与下形成的概念结构相一致。概念也不是客观世界的镜像反映，是来自人类的经验和认知方式的共同作用。具体概念或概念体系根植于人类的基本经验，如空间概念来自空间经验。我们对抽象范畴的概念化也依赖于基本经验。人类经验源于人与自然环境和社会文化环境的互动体验，包括物质经验和文化经验。身体经验和基本层次范畴构成物质经验，两者本身可以形成具体的空间概念和基本概念，同时也是理解和形成复杂或抽象概念的基础。首先人类通常把人自身作为衡量周围事物的标准，所以表示身体部位的词通常投射到其他事物上。如山有山脚、山腰、山头。其次，意象图式根植于日常的身体经验，包括里－外、前－后、上－下、容器、连接、部分－整体、路径等图式。这些基本图式形成了可以直接理解的空间概念，并在认知方式的作用下投射到其他概念，这些概念从而相应获得一定的结构。例如介词in的语义拓展：in the pool（地点）→in spring（时间）→in good health（状态）→in business（活动）。基本层次范畴不仅包括具体的物体和生物体范畴，还包括行为、特性和事件范畴。这些范畴概念在向更抽象的上位范畴概念和更具体的下位范畴概念的发展中起着重要作用。基本范畴词的词义通常首先表示为具体意义，然后发展为抽象意义。例如 black 的意义变化：black shoes（黑色的鞋子）→black future（暗淡的前途）→black day（倒霉的一天）→black deed（不义的行为）。

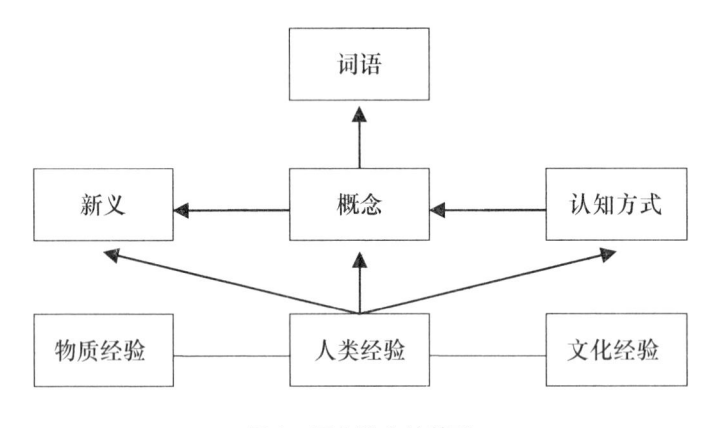

图 1　词义演变的基础

在词义演变中，有些词义在不同语言之间具有普遍性，而有些却又具有差异性。词义体现普遍性是因为人类认知相类似的客观世界。词义体现差异性是因为词义是在特定的文化中形成，往往带有特定文化的烙印，因而对同一认知客体会形成不同的意义。即使词语表达相同的概念意义，也会具有不同的联想意义。Ungerer 和 Schmid[1]指出特定情景的认知模型归根到底由文化模型决定，文化模型为我们的体验提供了背景，在此背景下才能形成有关情景的认知模型。由此可见，文化经验或文化模式影响着词语概念的形成。王文斌[2]提出词义演变的仙人掌模型时，将仙人掌的根须喻为词义根植的特定的文化沃土，吸收特定的文化

---

[1]　Ungerer, F. & H. J. Schmid, *An Introduction to Cognitive Linguistics*, Beijing: Foreign Language Teaching and Research Press, 2006, p. 117.

[2]　王文斌：《隐喻性词义的生成与演变》，《外语与外语教学》2007 年第 4 期，第 13 - 17 页。

养分，因而不同语言间相同词语的词义具有了个性。此比喻同时也形象地说明词义演变扎根于人类的经验，也就是说，由物质和文化经验构成的人类经验推动了词义的变化发展，是词义演变的主要动因。

四、词义演变的机制

如果说人类经验为词义演变提供了基础，那么人的认知方式和认知能力就是词义演变的催化剂。关于语义演变的机制，Meillet[①] 认为主要是重新分析（reanalysis）和类推（analogy）。重新分析是从一个概念过渡到另一个相关的概念，是概念的转喻，类推是从一个概念投射到另一个相似的概念，是概念的隐喻。可见词义演变的机制跟隐喻和转喻这样的认知能力密切相关。据统计，语言中的70%的词义是隐喻或源于隐喻。隐喻以相似性为基础，从一个概念投射到另一概念，使得词义拓展与延伸，尤其是意义的抽象化。转喻以相邻关系为基础，以一个概念转指另一个概念，使得词义发生演变。

五、词义演变的模式

一个词的意义范畴中的各种意义之间呈现一定的关系模式，主要有连锁型、辐射型和交叉型。

（一）连锁型

词语在基本义的基础上，后一个意义依次从前一个意义引申而来，最后获得的意义与基本义之间的语义关系已难以辨认，如图2。

例词：press（n.）

A：挤压 act of pushing

---

① 转引自沈家煊：《语用原则、语用推理和语义演变》，《外语教学与研究》2004年第4期，第243–251页。

$$A \longrightarrow B \longrightarrow C \longrightarrow D \longrightarrow E \longrightarrow F$$

图 2

B：印刷 the process of printing books, newspapers, etc

C：印刷品 books, newspapers or magazines

D：报刊 newspapers

C：新闻界 the journalists who work for newspapers

F：新闻报道 the type of reports that newspapers write about

press 基本义是"A：挤压"，通过隐喻引申出"B：印刷"，然后通过转喻依次获得其他的引申义，并逐渐与基本义分离，"F：新闻报道"与基本义之间的联系已很难识别，但可以看出各相邻意义之间的关联。

（二）辐射型

词义演变过程中，以一个意义为中心，引申出其他意义，这就是辐射式词义演变。

例词：break（v.）

A：弄破 to be damaged and separated into two or more parts, eg. break the plate

B：损坏 damage sth and stop it from working, eg. break my watch

C：违背 to do that is against the law, eg. break the rules

D：打断 interrupt sth so that it ends suddenly, eg. break the silence

E：摧毁 destroy sth or make sth weaker, eg. break sb's spirit

F：破译 find the meaning of sth secret, eg. break a code

G：兑开 change a bank note into coins, eg. break a twenty dollar bill

"break"以"A：弄破"为中心形成一个意义范畴，以一个意义为中心，其他的意义通过隐喻从其演变而来，呈辐射状发展，这个意义就是中心意义。引申义与中心意义的关系密切，各引申义之间相对独立。意义演变的发展趋势是由具体到抽象，如图3。

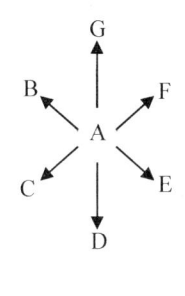

图3

（三）交叉型

词义的演变往往不是以单一方式发展，而是按链条式和辐射式交叉进行，体现出词义演变的多样性和复杂性。

例词：scene（n.）

A：（戏剧、歌剧的）发生的地点 the place where a play happens

B：舞台 an area in a theatre where actors perform

B_1（舞台）布景 the painted background on a theater stage

B_2 景色、景象 a view that you see

B_3 表现景色的绘画作品 a painting or photograph of place

C：（戏剧的）一场 one of the small sections that a play is divided

C_1（戏剧等的）一个片段、场面 a part of a film, play or book

C_2（实际生活的）插曲、场面 an event or a situation that you see

C_3 当众吵闹 a loud angry argument that happens in public

D：事件发生的地点，现场 the place where sth happens

E：活动领域 a particular area of activity

scene 的基本义是"A：戏剧等发生的地点"，借助隐喻演变出 B、

D、E，分别表示"舞台""事件发生的地点"和"活动领域"；C通过转喻发展而来"戏剧中的一幕或一场戏"，因为A与C是相邻关系。在B的基础上，通过转喻发展"B_1：舞台的布景"，再借助隐喻发展B_2和B_3，因表现的内容相似而生成。在C的基础上，通过转喻演变出C_1，"一个场面"是"一场戏"中的一部分，然后借助隐喻演变出C_2和C_3，"现实生活中的场面"因与"戏剧的场面"相似而生成。在交叉型词义演变中，词义之间形成一个节点，节点越多，与基本义之间的联系越难辨认，如B_3、C_3和A之间的意义关系，如图4。

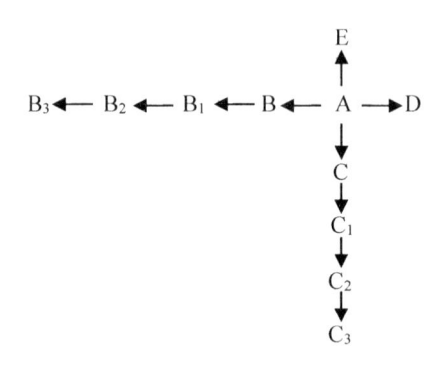

$$
\begin{array}{c}
E \\
\uparrow \\
B_3 \leftarrow B_2 \leftarrow B_1 \leftarrow B \leftarrow A \rightarrow D \\
\downarrow \\
C \\
\downarrow \\
C_1 \\
\downarrow \\
C_2 \\
\downarrow \\
C_3
\end{array}
$$

图4

第三节　通感现象的认知分析

通感（synaesthesia）作为一种常见的修辞手法，是指用一种感觉去体会表达另一种感觉，是不同感觉的沟通与融合。从认知的视角来看，通感不仅是一种修辞手法，而且是人类感知和认识客观世界的重要手段，即一种认知方式，也是词义拓展的认知机制。本节试图运用认知语言学理论来阐释通感现象，探寻这一语言现象的认知过程和规律。

一、通感与词汇

一般情况下，人的视、听、嗅、味、触五种感官各司其职。各种感觉的区分，应该是泾渭分明的。然而，近年来的研究表明，在人脑的前额叶（frontal lobes）部分，各感官之间在很大程度上是相互关联并结成一体的，因而有"跨感官迁移"（cross-model transfer）假说的提出。德国美学家费歇尔在《美的主观主义印象》一书中说：① "各个感官不是孤立的，它们是感觉的分支，多少能够互相代替。一个感官响了，另一个感官作为回忆，作为和声，作为看不见的象征也就起了共鸣。"人的各种感官之间彼此相通，互相影响就是通感现象。它既是一种生理现象，即对一个感官的刺激也引起其他感官产生相应而不同的反应，同时又是一种心理现象，因为大脑相应部分的神经细胞之间发生共鸣和联想。基于人类感官共同的生理机制和感知经验，通感现象反映在语言创造和运用中，就产生了通感隐喻（synaesthetic metaphors）的语言现象，并具有普遍性。例如：

(1) Soft music like a perfume and sweet light
　　Golden with audible odours exquisite
　　Swathe me with cerements for eternity
　　柔软的音乐声散发着芳香幻化成甜美的光
　　金光闪闪让人听来品味着极精美的味道
　　包裹着我让我沉浸在永恒之中

英国诗人西蒙斯这首诗，是一个精彩的五官相通的通感范例。诗人把听觉（music）与触觉（soft）、嗅觉（perfume）、视觉（light）、味觉

---

① 转引自赵艳芳：《认知语言学概论》，上海外语教育出版社2001年第1版，第43页。

（sweet）都糅合在一起，绝妙地表达了听了肖邦乐曲后的奇妙感受。

（2）方鸿渐看唐小姐不笑的时候，脸上还依恋着<u>笑意</u>，像音乐停止在袅袅空中的<u>余音</u>。许多女人会笑得这样<u>甜</u>，但他们的笑容只是面部肌肉的柔软操……（钱钟书《围城》）

钱钟书先生在此最大限度地调动了各种感官，出神入化地再现了唐小姐的笑意，使之不仅见之于目，而且闻之于耳，品之于舌。

不仅在文学作品中，在日常语言中，运用通感构成的词汇更是俯拾即是。如冷笑、冰冷、冷言冷语、苦笑、热闹、热情、香甜、辛辣的讽刺，酸溜溜的话，等等。英语中亦有 a loud shirt（过于花哨而引人注目的衬衫），quiet colour（朴素的颜色），cold words（冷言冷语），hot debate（热烈的争论），piercing cry（刺耳的叫声），sweet smile（甜蜜的微笑），warm applause（热烈的掌声），icy voice（冷峻的声音），loud perfume（浓郁的香气），heavy silence（凝重的寂静），acid look（讥讽的神色）等。正如钱钟书先生所说："在日常经验中，视觉、听觉、触觉、嗅觉、味觉往往可以彼此打通或交通，眼、耳、鼻、舌、身各个官能的领域可以不分界限。颜色似乎有温度，声音似乎有形象，冷暖似乎有重量，气味似乎会有锋芒。"

二、通感的认知机制

通感隐喻作为隐喻的一种，是指某感官范畴的认知域向另一感官范畴的认知域的映射，也就是将感官中的某些特征从一种感官（源域）映射到另一种感官（目标域），即感官特征之间的映射过程。通感隐喻的这种跨感官映射有其内在的规律。

（一）基本认知域之间的映射

基本认知域来自人的基本经验，是无法再简化的（irreducible）。基本认知域大都与人的基本感知有关，因为人们往往从自身出发，用身体和物质经验去表达一些抽象概念。根据 Langacker[1] 的观点，空间（时间）、颜色、感情、味（嗅）觉、触觉（温度、压力等）、亲属关系等属于基本认知域。而其中最基本的是空间域，其他基本域可根据空间概念来认知，如时间、温度、味道、颜色、亲属关系都可以用长短、高低、深浅、远近等来定义和理解，所以有 high flavor, high pressure, high - pitched sound 等表达法。基本认知域之间也可以发生对应，所以可以互为定义，于是有 piecing cold, warm feeling, hot taste, loud color, cold color 等，汉语中有冷色、冷淡等表示法。

（二）从基本认知域到复杂认知域的映射

通感隐喻中从基本认知域到复杂认知域的映射主要指从触觉、空间感、嗅觉、味觉到听觉、视觉的映射。触觉、味觉、嗅觉属于低级感官形式，而听觉和视觉属于高级感官形式。其中，视觉是最复杂的感知，它融合了空间、触、色、听等多种感知。Ullmann[2] 对19世纪不同国域、不同语言的许多文学作品中的通感例子的研究发现，有80%呈向上的等级分布（hierarchical distribution），即感觉的移动方向主要由较低级向较高级，由较简单向较复杂。Ullmann 在调查结果中将六种感官依次排列为：触觉、温觉、味觉、嗅觉、听觉、视觉。正如在概念隐喻中，我们经常用身体和物质经验去表达一些抽象概念，是因为身体和物质经验与我们的关系更为直接。同样，在通感中，较低级感官形成的感受更为具体和形象，它们所构成的概念如"冰冷""柔软"易于理解，

---

[1] Langacker, R. W, *Foungations of Cognitive Grammar*, Vol. I Theoretical Prereguisites, Stanford: Stanford University Press, 1987, pp. 147 - 150.

[2] 转引自赵艳芳：《认知语言学概论》，上海外语教育出版社2001年第1版，第43 - 44页。

而由较高级感官所构成的概念如"刺耳""明亮"则相对较难理解，所以我们常用较低级的感官中的概念表达一些较高级的感官中的概念。在语言表达中，通常将触觉、味觉转为听觉或视觉，如 soft sound, sharp voice, sweet face, sweet silence, icy look, 冷眼，声音响亮，眼睛尖，尖声尖气等。

三、通感词的文化对比

通感是感官域之间的相似性心理联想。但不同的民族有着不同的地理历史、政治和风俗习惯，而语言作为文化的载体，必须体现着这种文化的差异。通感所呈现的语言文化差异，主要体现在联想机制上，即对同一外来刺激所引起的心理联想，存在着文化差异。如以味觉"酸"为例。"酸"在汉语中可表"悲痛"，故有"悲酸""心酸"之说。可通触觉，用以描述痛感，如说"酸疼""酸痛"。另外"酸"在汉语中还有非常特殊的通感联想。如下面例（1）中的"酸溜溜"表示"嫉妒"，显然与汉语中关于"吃醋""醋意"的典故有联系。例（2）中形容言谈迂腐，还有"酸秀才"一说。

（1）听到被表扬的不是自己，她心里有些 酸溜溜 的。

（2）他就喜欢卖弄，酸溜溜 地来两句之乎者也。

英语中对于"酸"则另有一番联想。通向视觉往往表示"愤怒""凶狠"或"敌意"，如说 to have a sour look（狠狠地瞪了一眼）或 acid look（讥讽的神色）；通向听觉，表示"刺耳的"，如 a sour note（刺耳的音符）；通向触觉表示"湿冷的"，如 a sour winter。

通感作为一种认知模式，遵循着从基本认知域到复杂、抽象认知域投射这一隐喻认知规律。基于人类共同生理机制的通感，既表现出总体上的共性，同时通感意象触发的联想又存在着文化差异。对通感现象的研究可揭示出语言、感觉与思维之间的关系。

第四节 认知框架下的词义分析

结构语义学用语义成分分析法对词义构成进行切分，揭示词语之间的关系。认知语言学提出词义的百科知识分析法，强调概念的认识和理解离不开其相关的背景知识或概念结构。人们对于一个词的知识，不仅包括了其词典知识，还有关于这个词的所有经验知识，这个经验知识是特定社会成员所共有的或是特有的。这些百科知识构成该词的概念框架。词语唤起相应的框架，框架为词语的理解和使用提供背景知识。本节主要探讨框架理论的基本内容及其对英语词汇意义的解释。

一、框架理论

框架（frame）概念来自认知心理学和人工智能的研究，用来谈论知识的表征，人类的知识是以数据结构的形式储存在记忆中，被称为框架和图式。Minsky[①] 于 1974 年系统论述了框架理论，认为框架是储存在记忆中的、表征特定情景的信息结构，是含有若干节点和连接的网络系统；人们可以从记忆中随时调出框架中的信息作为背景知识来理解新的情景和语句。在一个总体框架的下层有许多空位，有待于具体情景中细节内容来填补。框架具有层级性，相关框架可结合成一个框架系统。Fillmore 最先把框架概念引入语言学研究领域，并将其定义为由概念组成的系统，系统中的概念相互连通，理解其中任何一个就必须以理解整

---

① 转引自王寅：《认知语言学》，上海外语教育出版社 2007 年第 1 版，第 209 页。

个系统结构为前提。后来，Fillmore① 又将框架视为认知结构，"是特定的浑然一体的知识构型，即经验的一致性的图式化"。他在这一理论的基础上进一步提出框架语义学（frame semantics）。Ungere 和 Schimid② 提出框架是一种认知模型，表征了关于具体而又频繁出现的情景有关的知识和信念，可以看作一种描写认知语境方法，这种认知语境为认知范畴提供背景知识并把认知范畴联系起来。这里的框架和第一节提到的认知模型有相似之处，但认知模型更具有一般性，框架是各种认知模型的一种。由此可见，框架指的是知识网络，将与语言形式相联系的多个认知域连接起来。例如，要构建"母亲"框架就涉及基因域、婚姻域、家谱域、抚养域和出生域，这五个认知域汇集成一个整体形成框架。框架语义学是认知语言学的重要组成部分，根据其理论，词语一旦出现，就会停泊在人们的经验与社会文化的习俗框架中，一个词语可能会激活其所涉及的一整套经验或概念结构。要理解词义，需要参照概念结构，理解人们的经验与社会习俗。客观主义意义观认为，符号只有通过与世界上事物的联系才能获得意义。按照这种意义观推理，"星期"一定是世界上存在的某种事物。但"星期"并不是客观存在的。不同文化中星期的概念不同。印度尼西亚的巴厘人语言中的星期的概念与多数文化中的认知模型不同。如果脱离了文化的框架，很多词义则无法理解。因此"星期"是人脑想象和创造的产物。大部分人类文化现实是存在于独特文化的框架中，词义是相对于该框架产生的。框架阐明了统一的、理想化的对某一领域经验的理解。

---

① Fillmore, C., "Frames and the Semantics of Understanding", *Quaderni Di Semantica* Ⅵ, 1985, pp. 222 - 254.
② Ungerer, F. & H. J. Schmid, *An Introduction to Cognitive Linguistics*, Beijing: Foreign Language Teaching and Research Press, 2006, p. 210.

认知框架有一些明显的特征。首先，认知框架具有稳定的基本角色和道具。例如在课堂框架中，教师和学生是基本角色，粉笔、讲台等是道具。其次，框架涉及讲话者的视角（perspective）。用语言表达同一个场景，认知视角不同，语言表达也不相同。视角的基础主要是建立在注意力这种认知能力之上。我们观察一个场景的视角取决于是什么吸引了我们的注意力。在描写场景时，说话人一般会选择一个特定的视角，把场景中的角色成分纳入视角进行视角化组织，并选择相关的动词和句法结构。因而框架可用来解释不同句子类型的意义。一个需涉及框架来定义的词在不同的用法里可以突出其中的不同认知域而使词义有所不同。如在职业母亲里突出的认知域是抚养域，而在生母里突出的却是出生域。第三，形成框架网络的各个角色，关系十分密切。任何一个框架角色一经提及，可激活整个认知框架，人们在很大程度上正是借助被激活的认知框架来理解语言所表达的意义。框架会使词语意义结构化，而词语则唤起框架，成为这些框架语境知识的索引。任何一个框架成分都可以激活它所属的那个框架。例如乘飞机框架可激活飞机、飞行员、空中服务员、安全带、机票、登记卡、头等舱、经济舱等概念。此外，框架内还有各种各样的次框架，这些次框架可以帮助人们捕获到与乘飞机有关的特定情景知识，如在飞机上进餐、看电影，去洗手间等。由于日常情景的复杂性，知识也应以复杂的框架系统来表征。框架内的各成分可以通过提供依赖语境的原型来进行默认指派，即给常规条件下的框架中的空位赋值。例如次框架在飞机上进餐，不可能有大餐桌，不可能在桌上配备通常的餐具和蜡烛，也不可能外加葡萄酒美餐一顿。这些意料之中的事都来自我们的经验并储存在我们的长期记忆中，它们是框架系统中的一部分，并影响着我们使用和理解与框架系统有关的语言。

二、词汇选取的认知视角

认知语法强调语义结构必然涉及人的认知能力。语义不仅反映了被感知的事体的特征、内容和功能,而且也能反映出人们感知的能力和方式,被感知事体是如何被人们所体验、观察、认知和理解的,信息是如何被组成一个有序的系统。[①] Langacker[②] 用"识解"(construal)表示这种认知能力和方式,指人们为达到思维和表达的目的可以从不同视角、选择不同辖域、突显不同焦点、以不同方法观察情景和解释内容的一种能力,是形成概念和语言表达的具体方式,强调了人的主观因素。语义值与特定的解释方法密切相关,语义在本质上具有主观意象性。识解方式包括详略度、辖域、突显、背景和视角。词语是概念化的结果,其形成和演变受到识解的影响,尤其是突显和视角。在言语交际过程中,我们会选择某一特定视角来表达想要表述的内容,体现在句子类型和词语选择上。

Langacker 把视角分为两种,优越视点(vantage point)和方位(orientation),是指说话者从不同的方位来观察实体或从不同的关系位置来描述复杂场景,例如下面的句子:

(1) a. I sat in front of you.
  b. You sat behind me.

这两个句子因说话者选择了不同参照点确定了不同的视角,从而产生不同的语义。除了上述客观视角外,还有主观心理视角。所谓的主观心理视角是指讲话人看待事物或问题的角度,会受到自身价值观的情感

[①] 王寅:《认知语法概论》,上海外语教育出版社 2005 年第 1 版,第 9 页。
[②] Langacker, R. W., *Grammer and Conceptualization*, Berlin: Mouton de Gruyter, 2000, p. 5.

及态度等因素影响而形成内心带有明显个人色彩的主观视角。这些主观视角会影响词语的选择。例如：

（2） a. She is slender.

b. She is skinny.

"slender"与"skinny"含有相同的概念意义，但是两者有不同的褒贬意义。"slender"是从赞美欣赏这一主观视角来描述一女孩的，而"skinny"却是从贬低、蔑视这一主观视角出发。可见不同的态度产生不同的认知视角，也就产生不同的意象意义。对同一事物或场景以不同的方式和角度进行观察可获得不同甚至是相反的意义。例如，某人不轻易花钱可以描述为 stingy 或 thrifty。但这两个词参照了带有不同评价取向的框架，stingy 表示负面评价，thrifty 表示正面评价。这样，词语的选择取决于说话者将事物或经验置于什么样的框架之中，导致不同的识解，或者说，取决于说话者如何对经验进行概念化。语言的使用通常表征某一特定视角，只是我们有时没有意识到而已。这从另一方面表明词义的形成从本质上说是一种识解，一种概念化，即具有客观性也具有主观性。词语在概念化的过程中受到认知主体的情感和态度的影响，表达不同的视角，因而英语中有些词汇在词义形成和演变中具有了褒义或贬义。

框架是一个认知结构，结构中由不同的元素组成。例如典型的商业交易框架，该框架分别由卖方、商品、金钱和买方四个元素构成。选取不同的视角则选用不同的动词。视角依赖于突显原则（principle of prominence）。如从买方视角选用 buy 和 pay，从卖方视角选用 sell 和 charge，视角焦点是商品则用 cost。看待同一情景的不同视角会引起人们注意框架中不同的元素。如选用 buy 时，人们会注意买方和商品，即买方和商品得到突显。动词所能激活的框架包括与动词相关的参与角色,当突显的参与角色不同,就会出现不同的句式结构。

(3) a. Jesse robbed the rich (of all their money).

b. *Jesse robbed a million dollars (from the rich).

c. Jesse stole money (from the rich).

d. *Jesse stole the rich (of money).

rob 和 steal 是一对近义词,它们的参与角色分别是:"抢"(抢劫者、被劫者、抢劫物)、"偷"(偷窃者、失窃者、失窃物)。虽然抢和偷两动作的参与角色的数量相同,但突显的参与角色不同。对"抢"而言,抢劫者和被劫者是突显角色,抢劫物相对来说是非突显角色;而对"偷"而言偷窃者和失窃物是突显角色,被偷者相对来说是非突显角色。这种区别是我们日常经验的一部分:被抢者所受的损害要比被偷者大得多。在偷窃事件中,失窃物是注意的中心,但在抢劫事件中,人们首先关心的是人受伤害没有,抢走的钱财倒在其次。[1]

词语理解需要背景知识,这些背景知识就是语义框架,例如,land 和 ground 都指涉陆地,但它们在不同的框架得到突显。前者的语义框架包括干燥的地球表面,和海洋对立;后者的语义框架则和天空对立。词语选择的不同会导致不同的推理。要说某种鸟"A bird spends its life on land",表示这种鸟不会下水,而说"A bird spends its life on the ground",表明这种鸟不会飞。再如 flesh 和 meat,flesh 突显的是人体框架,所以有 flesh and bones 的表达,而 meat 激活的是食物框架,因而具有语义差异。

在交际过程中,交际双方会从各自的期望和态度出发,虽突显相同

---

[1] 沈家煊:《认知与汉语语法研究》,商务印书馆2006年第1版,第82-95页。

的实体,但因选取不同的语义框架作为背景,从而体现相反的视角。[①] 这一点可以从下面一起美国法庭审判案件中看出。一位马萨诸塞州的医生被指控在给人做堕胎手术时犯了谋杀罪。州检察官在法庭上盘问医生时双方各执一端,充分体现了不同概念视角冲突。检察官执意要用"婴儿(baby)"一词,以人为语义框架;而医生则坚持用"胎儿(fetus)"一词,以哺乳动物为语义框架,从而展示其截然不同的视角。检察官选择"婴儿"是为了控告医生犯了谋杀罪。从法律的角度来看,婴儿也应享有成人一样的权利,即受到法律的保护。与此相反,医生选择"胎儿"是出于自卫。从生物学的角度来说,胎儿是指哺乳动物尚未出生的幼体。既然胎儿没有出生,也就不是完全意义上的人,因而谋杀罪不能成立。

三、文化内涵词的认知分析

文化属性是框架的重要而显著的特征。框架是基于文化约定俗成的知识构型。[②] 框架中的知识是某个言语社团所共享的知识,具有文化特征。框架是与语境和文化密切相关的认知结构,也就是说,框架根植于人们的经验和特定的文化模式中。词语的理解要借助于和激活与其相联系的语义框架,因而词语意义决定于特定的文化语境。

不同民族、不同地区、不同语言社区的人们所经验的事情有差异,而这些经验差异影响着人们的认知框架结构、框架系统和次框架。英汉两种语言中很多词只是部分对等,例如学生看到 worker 一词激活的是

[①] 汪少华:《视角的选取与词汇选择过程解析》,《外语与外语教学》2004 年第 1 期,第 9 页。
[②] Taylor, J. R., *Linguistic Categorization: Prototypes in Linguistic Theory*, Oxford: Oxford University Press, 1995, p. 89.

工人概念。汉语中的工人范畴所属的框架是工厂框架。而 worker 所属的是工作框架。工作包罗万象，并不只限于工厂里的体力劳动。由此可见，worker 的所指范围比工人要大得多，涉及面要广得多，从事任何工作的任何人都可以是 worker，相当于汉语的"工作者"，所以可以说 political workers, financial services workers, Wall Street workers。同样，知识分子和 intellectual 在各自的文化背景中含义也大不相同。在中国，知识分子一般包括教师、大学生以及医生、工程师等一切受过大学教育的人，在中国农村有许多地方，中学生也被认为是知识分子。但在美国和欧洲，intellectual 只包括大学教授等有较高的学术地位的人，而不包括普通的大学生，所以这个词所指的人的范围要小得多。而且这一词语在英语中还带有贬义，指那些自认为是的知识界杰出人物，耽于空想，忙于钻研空洞的理论、但不善于处理实际问题。例如：

Don't go for the intellectual who knows nothing but two – dollar words.（不要轻信那些只会咬文嚼字的知识分子。）

有些词语在两种文化中激活的框架截然不同。汉语中的"龙"对中国人激活的框架是"神圣，至尊、吉祥和非凡"，所以汉语中有很多成语与"龙"有关：望子成龙，龙腾虎跃，龙凤吉祥；而 dragon 对西方人激活的框架是"危险、凶猛和邪恶"。"东风"为中国人激活的框架是"凉爽、使人舒服、有利于草木生长"，而对英国人来说，能激活同样框架的却是"西风"。由于文化语境的不同，一个词在一种文化中可以激活丰富的文化内涵。而在另一种语言中就只是一种语言符号。竹子高耸挺拔，质地坚硬，中空有节，它的特点容易使人联想起高风亮节和高尚的品质。在中国，文人墨客多喜欢种竹赏竹咏竹，以寄托自己正直、坚贞和谦逊的情怀。宋代大文豪苏东坡云："宁可食无肉，不可居无竹，无肉令人瘦，无竹使人俗。"与竹有关的成语有胸有成竹，势如破竹，雨后春笋等。英语中的 bamboo 一词只有概念意义，激活的只是一个名称而已。再例如 daffodil，汉语里的黄水仙仅是一种花而已，但它在英美文化中象征春光和欢乐。英国湖畔诗人华兹华斯在《我像云霞般只身漫游》这首诗中，把黄灿灿的水仙花比作璀璨的群星，潋滟的波光，在他孤寂无聊的时候给他以安慰和快乐。

第五节　小结

词义形成和演变是概念化过程。概念的获得一方面是基于人类的经验，另一方面通过隐喻、转喻、识解等认知操作。隐喻和转喻不仅是一种语言现象，而且是人类思维的重要方式，直接参与人类的认知过程，是词义形成和拓展的主要途径。隐喻对于抽象概念的形成至关重要，涉及不同认知域之间的映射，而转喻是同一认知域之间的映射。从认知的视角看，通感是一种隐喻，同样包含着隐喻性的认知和思维过程。词语意义特征化的背景信息可看成是一个共享的、约定俗成的知识网络，是根植于文化信念和习俗模式之中。这些背景信息就是理解词语意义的框架知识。框架作为知识结构来源于人们的经验，是经验的图式化，并储存于人的长时记忆中。随着人们经验的丰富和发展，框架是不断更新和调整的。框架知识构成认识或推理的基础。我们可以利用框架知识认识世界，进行推理和理解意义。

第四章

认知与词汇搭配

结构语言学把语言视为一个系统,是由各种关系的成分构成的系统,关系可分为聚合关系和组合关系。当一组语言成分在一定的语境中可以相互替代时,构成聚合关系;几个成分连起来组成较大语言单位时,构成组合关系。词汇搭配是词与词之间的组合关系。词的搭配根据不同原则进行分类,例如根据搭配性质分为词汇搭配和语法搭配,根据词汇搭配的选择限制条件可分为自由组合、限制性搭配和固定搭配。本章从认知的角度探讨词汇搭配中的特殊形式习语和短语动词,这两种搭配表达的都是不可分割的完整概念。

第一节 习语的认知分析

英语习语(idiom)是指固定的词组,具有语义的统一性(semantic unity)和结构的固定性(structural stability)[①]。所谓的语义上的统一性是指英语习语在语义上是不可分割的统一体,即其整体意义往往不能从

---

① 陆国强:《现代英语词汇学》,上海外语教育出版社1999年第1版,第159页。

组成习语的各个词汇意义揣测出来,如 do sb. brown(使某人上当),show the white feather(显示胆怯)。而结构上的完整性是指习语本身也有完整的结构,其各个组成部分是固定的,不可任意拆开或替换,如 kick the bucket(死)中的 bucket 不可以换成 stool 或 basket 等。长期以来,习语一直是国内外语言学者研究的热点。这些研究主要集中在英语习语的结构、语义、功能和文化内涵。而习语的结构、语义、功能的研究是基于语言本身的。语言研究的最佳切入点应是语言的使用者,因为他们是创造、理解和加工语言的主体。本节拟从认知语言学的角度探讨英语习语意义理解的认知机制,揭示英语习语的本质。

一、习语意义的传统观

传统的观点认为,习语是一种特殊的语言现象,像词汇一样有内在的词法和句法结构,有独特的修辞功能,有其独立于概念体系的特定语义,因而习语属于词汇范畴,本质是语言性而非概念性,主张把习语作为一种固定结构或长词进行记忆、模仿、使用。对习语特征的归纳及本质的认定是语言传统观认识的产物,源于对语言的一些基本问题的认识,诸如语言任意性问题、语言与客观世界的关系、概念问题、语言的形式与意义等。长期以来,任意性被看作是语言的特性之一,语言符号能指和所指之间没有任何自然的逻辑上的联系,或者联系是不可论证的,即使有某种联系也是例外。不仅单个符号所指和能指之间的关系是任意的,其排列组合构成的语言结构与意义之间的关系也是任意的。传统的语言观认为,语言与客观世界的关系是直接对应的。语言是对客观世界的直接反映,具有独立人的思维和运用之外的客观意义。范畴、范畴成员的特征和关系是客观存在的,独立于人的意识、经验、神经系统和主观因素。语言是自足的、封闭的体系,不受语义的影响。关于概念问题，传统观点认为语言符号与世界之间是由大脑中的概念相连接，而概念的作用只是一种连接纽带，是符号与事物之间的自然联系，不受人认识事物方式的干预，没有强调人的认知对概念形成的作用。

二、习语意义的认知观

认知语言学对语言的任意性提出了疑问，认为语言的共性说明语言决不完全是任意的创造，而是受认知环境（包括人的生理环境，认知能力等）和社会环境的制约，在很大程度上是有理据的。尽管语言符号在基本范畴等级，在不可分析为更小单位的词素上有一定的任意性，或者有些已经丧失了理据，但在构成上位或下属范畴的词或词组的过程，在构成更大语言单位（短语或句子）中，是有动因、有理据的。但其动因和理据不在于语言形式直接反映外部世界的事物，而是反映人对世界的认知方式，即语言形式相对于人的认知结构来说不是任意的。语言是客观世界、人的认知、社会文化及其语用因素共同促动的象征符号系统。[①] 认知语言观承认客观世界的现实性及对语言形成的本源作用，但更强调人的认知参与，认为语言不能直接反映客观世界，而是认知和客观世界互动的结果。语言不是封闭、自足的系统，而是开放的、依赖性的，是客观现实、社会文化、生理基础、认知能力等各种因素综合的产生。词法、句法不是自足的，是受功能、语义和语用因素支配和制约的，是不同层次的语言单位，是形式和意义相结合构成的具有内在结构的象征符号。语义是概念化的，是人们关于世界的经验和认识事物的反映。概念结构不是等同于客观世界的外在结构，而是人与客观现实的互动中形成的，是通过心智活动对客观世界的经验进行组织和加工的

[①] 赵艳芳：《认知语言学概论》，上海外语教育出版社2001年第1版，第35页。

结果。在概念形成和推理过程中，人的生理构造、身体经验、认知能力、认知方式，具体地说是观察、选择、注意力、想象力，包括各种图式、心理意象、隐喻等共同促动、共同建构。

对语言本质的不同看法导致了对习语意义的不同诠释。认知观认为大多数习语是人的概念体系的产物，并不仅仅是语言问题或词汇问题。习语不只是具有特殊意义的表达法，更重要的是它们源于我们对世界的认识，而这些认识就体现在我们整个概念体系中。基于这一层次的认识，我们进一步解读习语的语义特点和本质。习语意义是有理据的，而不是任意的，本质上是概念性而非语言的，大多数习语存在着许多系统的概念理据。Lakoff[①]认为习语是有理据的，而不是语言形式和特殊习语意义的随意配对。他提出两种前概念结构（preconceptual structure）。第一种称为基本层次范畴。这种范畴是由我们的完形感知、身体运动的动力和形成丰富的心理意象的能力共同定义的，是人们在日常生活中能直接感知并获取意义的范畴。另一种前概念结构是意象图式，如容器、路径、连接、力、平衡、上下、前后、部分/整体、中心/边缘等。一些概念直接源于这些经验，具有直接意义，不需要任何先决条件。而另外一些抽象的概念（如爱、生气等）则以间接的方式获得。英语习语就是在基本层次范畴和意象图式这两个前概念结构的基础上产生的，是由人们直接体验到的基本概念和基本关系通过一定的认知机制的作用而形成的。因此认知语言学家认为习语的产生至少涉及三种认知机制，即隐喻、转喻和百科知识（encyclopaedic knowledge）。

[①] Lakoff, G., *Woman, Fire, and Dangerous Things: What Categories Reveal about the Mind*, Chicago: The University of Chicago Press, 1987, p.267.

三、隐喻和习语

认知语言学把隐喻看作是人们思维、行为和表达思想的一种系统的方式，即概念隐喻，是从源域到目标域的部分特征的投射映现。在日常生活中，人们往往参照他们熟知的、有形的、具体的概念（源域）来认识、思维、经历、对待无形的、难以定义的概念（目标域），形成了一个不同概念域之间相互关联的认知方式。语言中有很多表示情感的习语，大多为隐喻。情感具有主观性和抽象性，同时还有强度之分，难以直接描述。如在日常生活中，"火"为我们常见的事物，我们了解它的功能、特性等。我们对"火"这一概念相当熟悉，因此有关火的一些概念可用来帮助我们理解情感和生活领域的一些抽象概念，如生气、爱、想象、矛盾、热情、危险、能量等。如以下"火"构成的概念隐喻。

（1）He was spitting fire.（anger is fire）

（2）The fire between the lovers went out.（love is fire）

（3）The painting set fire to the composer's imagination.（imagination is fire）

（4）The murder sparked off riots.（conflict is fire）

（5）He was burning the candle at both ends.（energy is fuel for the fire）

（6）Don't be a wet blanket.（enthusiasm is fire）

这些隐喻存在于人的概念体系中，并在抽象领域（如生气）与具体领域（如火）之间起一种连接作用。

习语意义的解释涉及两种不同的隐喻映射：本体（ontological）映射和认识（epistemic）映射。前者指源域中的实体和事件与目标域的实体和事件的对应，又称实体性隐喻对应（ontological metaphor correspondence），是用关于物体的概念来理解其他非物体的概念的思维方式。后者指将源域中关于某个实体和事件的特定经验和感受投射到目标域中的实体和事件之上，又称认知性隐喻对应（epistemic metaphor correspondence）。使用了特定概念隐喻的人在从一个知识领域到达另一个知识领域的思维过程中运用了推理。人们对某个特定的知识领域，如"fire"的理解是这样的：当火变得浓烈而难以控制时，对其释放者和周围的人都是相当危险的。因此，人们很自然地在的概念基础上得出了相同的结论：当怒气变得强烈并且失去控制时，对愤怒的人及其周围的人也同样是相当危险的。如"to spit fire"的一般意义是"to be angry"，是根据概念隐喻 anger is fire 得来，而其特殊意义"to be very angry"是则是根据源域（fire）和目标域（anger）之间的对应——the intensity of fire is the intensity of anger 得来。同时，也正是这种隐喻式推导帮助了我们理解了许多外延意义相似而内涵意义不同的习语的意义，如"to spit fire" "smoking coming out of one's ears" "to be burned up" 的一般意义皆为 to be angry，都是基于 anger is fire 这个概念隐喻或实体性隐喻对应而得来。然而，人们在理解这些习语时所做的推导过程是不同的，主要表现在发怒程度上不一样，对"smoking coming out of one's ears"的推论是怒气基本处于控制之下，而对 to be burned up 的推论是气愤的人已完全丧失理性的控制力。

四、转喻与习语

与隐喻一样，转喻也具有生成性、系统性和概括性，转喻在生成习语意义方面同样起着重要作用。转喻是在同一认知域中发生的映射，是用某一范畴易感知、易辨认、易理解部分去激活另一范畴相关整体或整体其他部分的认知过程。

（1） green hand（PART OF A PERSON FOR THE WHOLE PERSON）

此处，我们用 green hand 代表毫无经验的新手。所得出的转喻为：the hand stands for the person，即用部分代全体的存在。

英语中大量的习语是在转喻的认知机制上产生的。

（2） The pen is mightier than the sword.（OBJECT USED FOR UESR）

（3） earn one's bread（PART FOR WHOLE）

（4） Tom，Dick and Harry（SPECIFIC FOR GENERAL）

Thornburg 和 Panther 提出言语行为转喻（speech act metonymy）。他们认为，言语行为是一个有结构的行为脚本（action scenario）。一个行为由三部分组成：前段、核心及结果段和后段。行为脚本的各部分存在着互为借代的关系，脚本内任何一部分都可根据交际的需要用于借代和激活整个言语行为，因而具有转喻功能。[①] 如"beat one's breast"表示公开忏悔的意义。击打胸膛和忏悔之间是一种转喻对应，即在宗教仪式上忏悔时伴有击打胸膛的行为。概念结构的形成涉及注意力、选择、比较等认知能力和认知操作。转喻认知机制与我们的注意力有关。我们往往注意到事物突显的特征，以此给事物命名，或指代同一认知域中与其相关的其他事物。同样，在一个事件域中，一个突显的行为（salient act）可代表整个事件，如不可分析的习语 kick the bucket，"踢桶"是死之前的行为，在此用来借代整体。

---

① Thornburg, L. &Klaus–Uwe Panther, "Speech act metonymies", in W. A. Liebert, G. Redeker & Linda Waugh (eds), *Discourse and Perspectives in Cognitive Linguistics*, Amsterdam: John Benjamins, 1997, pp. 205–219.

五、百科知识与习语

另外，在对一些习语意义理解时还需一些其他相关知识。认知语言学认为语义不完全取决于客观世界，它主要是一种心理现象。语义根植于语言使用者和接受者的百科知识体系中。百科知识常被冠以不同的术语：如理想认知模式、认知域、图式（script）、脚本（scenario）等。无论何种术语，它指的是一定文化群体所拥有的一定概念域的共有知识或信息。认知语言学充分地强调了人的知识和体验在语言理解和使用中的重要作用。框架也是这样一种百科知识体系。习语意义的生成和理解依赖于框架知识以及框架转换。如 turn over a new leaf，在读书场景中表示典型的行为"翻页"，而移至生活场景中时，就可以推断出是"重新开始"的意思。再看对 blue blood 的理解过程。在"人"的框架中，血的正常颜色是红色，非典型颜色"蓝色"取代，因而产生"非同一般的人"的意义。

Kovecses 和 Szabo[①] 认为，传统的将习语看作词项观点的根本错误是将习语的语言意义与人类的概念系统和语言使用者的百科知识割裂开来，他们进而指出：有关世界的知识是人类理解习语意义的主要认知手段。例如人们对有关"手"的习语意义的理解依赖于百科知识，诸如其构成、形状、大小、功能等的认识。这样我们就不难领悟 have one's hands full 的意义。一个人手里握有东西时，他就不太可能再用这只手去捡东西或从事其他活动，因为正忙于手头的工作，没有精力去做别的事情。"with an open hand" 摊开手表示不受妨碍可以取走，引申为慷慨大方，而英语中 tight‐fisted，closed‐handed 则表示与之相反的意义。

---

① Kovecses, Z. & Szabo, P., "Idioms: A View from Cognitive Semantics", *Applied Linguistics*, No3, 1996, pp. 326–55.

"work with the left hand" 表示工作马虎，效率低，因为对于大多数人来说，用右手比用左手的工作效率高。

为了更准确地理解一个习语意义，往往需要多个认知机制的共同参与。例如：

I'd love to take a holiday with you but I'm tied hand and foot to my business.

这里习语 tie one's hand and foot 的意义通过转喻 the hand stands for the activity，隐喻 freedom is having the hand free，以及关于手的常识这三个方面而具备明确性。

认知语言学认为习语意义产生于人的认知结构，其生成机制在于概念结构的映射。隐喻、转喻和百科知识构成习语意义生成的认知基础。这些机制存在于人的概念体系中，并在人进行认知活动中发挥积极作用。在理解习语时，认知主体有可能去激活这些机制。在习语教学中，我们若有意识地促进学习者激活其认知机制，那么在理解和掌握习语的过程中，将大大提高学习效率。

第二节　短语动词的认知分析

短语动词（phrasal verbs），也叫多词动词，是以动词为主导词，后接一个或两个小品词。小品词是指介词或副词。词汇学中将语义的完整性作为区别短语动词和自由词组的一个标准。如 come in 表示"进来"时，是自由词组或搭配，表示"流行"意义时，相当于 become fashionable，是短语动词。但在《牛津高阶英汉双解词典》中，有些词如 go ahead（向前走），sit down（坐下）都是各组成部分的意义相加，同样属于短语动词。短语动词的语义从明晰到隐晦，有程度上的差异。如 sit down 保留了各组成部分的原义，这类词是字面意义，而 put up with（忍受），turn down（拒绝）无法从其构成部分猜测出来，这类词具有习语意义，也称之为短语动词习语（verbal idiom）。

英语中的短语动词数量大、使用频率高，是现代英语词汇的一大特色，同时也是英语学习者的难点。短语动词不仅数量多，而且语义丰富，具有多义性。据统计，构成短语动词的

小品词共 48 个，其中使用频率最高的是 up，in，out，on，off。小品词的意义大多是表示方位或空间概念，也是人类最先获得的基本概念，我们把这类词称为方位词。空间概念来自意象图式，是在人类感知自身运动和空间环境的相互作用的基础上形成的，并通过隐喻建构许多其他抽象概念。本节从意象图式着手分析小品词和短语动词的意义，探寻意义之间的认知规律。

一、意象图式

世界是由各种事物和现象组成，同时事物和现象之间，事物和现象内部之间都存在相互依赖、相互制约的关系。人们通过完形感知、动觉和意象，不仅获得事物范畴，即基本层次范畴，而且获得事物之间的关系范畴，即意象图式，这两者都反映了人类的基本经验。意象图式是在对事物之间基本关系的认知基础上所构成的认知结构，是人类经验和理解中一种联系抽象关系和具体意象的组织结构，是反复出现的对知识的组织形式，是理解和认知更复杂概念的基本结构，人的经验和知识是建

立在这些基本结构各关系之上的。① Johnson② 认为，意象图式是在我们感知互动和运动中一种反复出现的动态性的模式，可为我们的经验提供连贯性和结构性。从上述中可以看出，意象图式具有以下特点：一是体验性。我们在与客观世界互动体验的过程中形成一种空间关系，这种关系反复出现，因而在大脑中形成一定的意象图式。二是抽象性。意象图式不同于具体的形象，而是抽象的认知结构，只包括少数的构成成分和简单的关系。如路径图式包括起点、终点和路径三个成分。三是基础性。意象图式是概念之先的结构，可以直接被理解，并通过隐喻机制扩展到其他经验，是构建、组织更为复杂和抽象概念的基础。四是动态性。图式结构并非是静止固定的模式，而是动态的、相对灵活的、可做适当调整以适应相似而又不同的情景。

Lakoff③ 认为，意象图式之间存在着某些非常自然的关系，可以相互转换。当意象图式从一个概念域映射到另一个概念域时，就会产生大量的多义现象，对辐射型语义范畴关系的形成起到关键性的作用，这被称为意象图式转换。Ungerer 和 Schmid④ 提出意象图式除有中心图式之外，还有图式变体，即图式的细化（elaboration），可用于解释方位词的基本意义及其引申意义之间的关系。

二、短语动词的多义性

短语动词具有语义的完整性，表现为许多动词可以用一个动词来替

---

① 赵艳芳：《认知语言学概论》，上海外语教育出版社 2001 年第 1 版，第 68 页。
② Johnson, M., *The Body in the Mind*: *The Bodily Basis of Meaning, Imagination, and Reason*, Chicago: University of Chicago Press, 1987, p. 30.
③ Lakoff, G., *Woman, Fire, and Dangerous Things*: *What Categories Reveal about the Mind*, Chicago: The University of Chicago Press, 1987, p. 440.
④ Ungerer, F. & H. J. Schmid, *An Introduction to Cognitive Linguistics*, Beijing: Foreign Language Teaching and Research Press, 2006, p. 170.

代。例如：go on = continue，come off = succeed，look into = investigate，take in = deceive，这一特性是用以区分短语动词和自由词组的一个标准。

A special committee is looking into the problem.

He is looking into the room.

look into 在第一句中是短语动词，在第二句中是自由词组。

短语动词从语义的透明性到隐晦性是一个连续体。作为一个语义整体，同单个词项一样，短语动词具有多义性，其意义之间的联系，尤其是从具体意义到抽象意义的演变，同样经历了隐喻的过程。在此过程中，短语动词的意义与方位词的意义关系密切。

例词：take in

（1）拿进 bring sth. into your house from outside

（2）吸入 absorb sth into the body

（3）改小 make a piece of clothing smaller or tighter

（4）参观 go to see a film or visit a place

（5）承接 earn money at home by washing or sewing for other people

（6）收入 get a certain amount of money

（7）包括 include

（8）理解 understand or remember sth that you see, read or hear

（9）领入 go with sb into a room, building or other place

（10）抓住 put your arms around sb or hold sb's hand

（11）收留 allow sb to live in your room

（12）拘留 go with the police to a police station in order to answer questions

（13）接纳 accept sb or have sb as a member, student, patient and so on

(14) 欺骗 deceive or trick sb in some way

"take in"从原型意义"拿进"开始，逐步发展出其他义项，可以看出各个义项都与"进入"有不同程度的联系以及与方位词"in"的语义联系：将东西带入→拿进，把空气或食物吸进或吞入→吸入，把衣物等收进或卷入→改小，把景点纳入旅程→参观，把洗衣、缝纫或打字等事情拿到家里来做→承接，拿进一笔钱→收入，将内容纳入→包括，将看到、听到或读到的内容吸收→理解，把人带入→领入，将手放进→抓住，允许别人住进→收留，将人逮捕带入警察局→拘留，进入组织机构作为一个成员→接纳，进入别人的圈套→欺骗。其中，"理解""包括""接纳""欺骗"等义项具有隐喻意义，语义趋向复杂和隐晦。

三、短语动词与空间图式

认知语言学家对介词的多义现象进行了深入而又系统的分析。如 Lakoff① 运用意象图式对介词 over 的意义进行了详细分析，确立 above and cross 是中心图式，并分析了围绕该中心图式的不同的图式变体。Taylor② 再次分析了 over 的基本意义之间的认知上的联系。

(1) The lamp hangs over the table.

(2) The plane flew over the city.

(3) He walked over the street.

(4) He walked over the hill.

---

① Lakoff, G., *Woman, Fire, and Dangerous Things: What Categories Reveal about the Mind*, Chicago: The University of Chicago Press, 1987, pp. 416–436.

② Taylor, J. R., *Linguistic Categorization: Prototypes in Linguistic Theory*, Oxford: OUP, 1995, pp. 109–116.

(5) He jumped over the wall.

(6) He turned over the stone.

(7) He fell over a stone.

(8) He pushed her over the balcony.

(9) He lives over the hill.

(10) Come over here.

(11) Pull the lamp down over the table.

(12) The child threw his toys all over the floor.

(13) He laid the tablecloth over the table.

(14) He put his hands over his face.

认知语法中，射体（trajector，TR）和界标（landmark，LM）两个术语用来表示两个参与者之间的方位关系，静态的或动态的。射体表示任何关系结构中最突显的成分，是在空间上被定位的实体，而界标是指关系中的另一个实体，是作为定位的参照点。方位词意义是突显 TR 和 LM 关系中的不同的方面。最重要的是静态和动态关系。如果是静态关系，方位词表示 TR 的所在的位置，如果是动态关系，可以突显 TR 运动的起点、路径或终点。其他的方面还有 TR 和 LM 的形状、大小和维度、TR 和 LM 是否接触、TR 和 LM 之间的距离以及位置关系。Taylor 根据 TR 和 LM 的关系，将 over 所表示的空间意义归结为 4 种，其中居上关系是中心图式，射体参照的界标是一个平面。

居上关系：TR 与 LM 垂直、不接触，静态关系，如（1），（11）；

覆盖关系：TR 与 LM 部分或全部接触，如（3），（12），（13），（14）；

运动关系：TR 与 LM 垂直、不接触，动态关系，如（2）；

路径终点：LM 是路径上的障碍物，TR 越过 LM 到达终点，路径呈弧线,如(4),(5),(6),(7)和(8)突显路径,(9)和(10)突显终点。

over 的空间意义通过隐喻化获得非空间意义。如:

(15) The leadership had absolute control over the organization.

(16) She looked over the document quite carefully.

(17) He got over his parents' death.

(18) Britain was under no obligation to hand him over to American.

从居上关系投射到权力关系,引申为"支配、影响",如(15);从覆盖关系引申为"仔细审视",如(16);从路径终点引申为"从……中恢复,移交",如(17),(18)。

(一) at – away 图式

根据方位词的意义,我们区分不同类型的界标。

方位词 at,away 参照的界标是一个点。

1. 王寅[①]指出,at 用于表示动作概念时,往往接在那些表示急促、有力、迅猛等含义的动词之后,隐喻性地暗指将动作能量汇集于一点,有"聚集"功能,从而产生了动作迅速有力、语气较强的效果。

We aim at a higher production level.

Stop getting at me.

Why didn't you grab at the chance to go to New York?

We'll have to guess at what went on there.

2. away:表示从一点离开,并远离界标,向另一方向运动,从而获得引申义"分离、消失和持续"。

She ran away laughing up the road.

---

① 王寅:《语义理论与语言教学》,上海外语教育出版社 2003 年第 1 版,第 320 页。

Two United Party senators broke away to form the Federal Party.

I shut myself away in a library that night and wrote a letter.

On the right were the hills fading away into the misty morning.

Scientistsare working away at perfecting the weapons.

(二) up – down 图式

方位词 up 和 down 的意象图式中，射体的路径有一个垂直的方向，而界标仅就其垂直的延伸而与之相关，是一个垂直维度。

1. up：基本意义表示从低处向高处的运动，引申义是"增加、接近、完成"。

I heard her running up the stairs.

Bad housing and poverty speed up the breakdown of family life.

Turn up the volume control.

His situation was desperate, but he faced up to it.

He had an uncomfortable feeling of not being able to measure up to his father's expectations.

If you eat up all your cereal, I'll give you a piece of chocolate.

2. down：基本意义是从高处向低处运动，引申义是"减少、毁坏、打倒"。

The promised measures included steps to bring down prices.

The telephone communication system had broken down.

When we're discussing politics, I can always argue him down.

(三) on – off 图式

方位词 on，off 的意象图式中，射体参照的界标是一个平面的二维空间。

1. on：基本意义是表示物体在平面上的位置，与平面接触，并受到支撑，或向这个位置运动。引申义为"依靠、持续、影响、关于"。

Some new passengers were getting on.

Everything hangs on money at the moment.

Are you telling me to carry on with my investigation.

The government tried to impose on a five percent limit on public employees.

He reflected on how different things might have been.

2. off：基本意义是从平面上离开，分离的运动，射体不再与界标接触。引申义为"阻碍、防止、结束"。

She saw him come off the plane.

Get your body moving to boost energy, stay supple and shake off winter lethargy.

I got off the bus and the road was blocked off.

They have sufficient food and clothing to ward off starvation and ill-health.

I thought I could knock off a couple of essays in no time.

（四）in - out 图式

方位词 in, out 的意象图式中，界标是一个三维立体空间，视为一个容器。in 和 out 的中心图式是射体在界标内，或射体由包含于界标边界内的一个位置移动到一个两者完全分离的位置。

1. in：基本意义是向内的运动，进入，到达，引申义为"吸收、融合、收集、参与"。

I thought I'd just drop in and see how you were.

I soaked myself in the works of Dickens.

You would have to try to adapt yourself to fit in.

They handed in their papers in and smiled with relief.

It was considered inappropriate for a former President to engage in commerce.

2. out：基本意义是向外的运动，出去，引申义为"排除、出现、产出、扩展"。

Water spilled out of the vase.

I'm aware that we've had to leave out much interesting and important work.

Two findings stand out as particularly significant.

Better quality goods were being turned out at lower prices.

We didn't know how to prevent them from dragging out the talks.

Johnson[①] 列举了与此图式有关的日常生活中进进出出的活动。

You wake out of a deep sleep and peer out from beneath the covers into your room. You gradually emerge out of your stupor, pull yourself out from under the covers, climb into your robe, stretch out your limbs, and walk in a daze out of the bedroom and into the bathroom. You look in the mirror and see your face staring out at you. You reach into the medicine cabinet, take out the toothpaste, squeeze out some toothpaste, put the toothbrush into your mouth, brush your teeth in a hurry, and rinse out your mouth. At breakfast you perform a further in – out moves – pouring out the coffee, setting out the dishes, putting the toast in the toaster, spreading out the jam on the toast, and on and on. Once you are more awake you might even get lost in the newspaper, might enter into a conversation, which leads to your speaking out on

---

① Johnson, M., *The body in the Mind*: *The Bodily Basis of Meaning*, *Imagination*, *and Reason*, Chicago: University of Chicago Press, 1987, pp. 30 – 31.

some topic.

在这段描述中，有些表示物理空间的运动方向，例如 climb into your robe, stretch out your limbs, reach into the medicine cabinet, take out the toothpaste, squeeze out some toothpaste, put the toothbrush into your mouth，而有些表示非空间关系，例如 wake out of a deep sleep, get lost in the newspaper, enter into a conversation。这里表示空间概念的 in、out、into 用于其他抽象的概念，如状态、活动等。

运用意象图式分析方位词以及短语动词的意义，有助于理解空间义之间以及空间义与隐喻义之间的联系，同样有助于区别不同短语动词的意义。例如：

He pushed back his chair so hard that it fell over.

That shelter might fall down if the rain comes back.

Keep those dogs off her.

The more you keep away from the shops the less money you'll spend.

fall over 与 fall down，都表示倾倒的动作时，其意象图式是有区别的，over 的路径是弧形，指物体失去平衡而倒在地上；down 的路径是垂直方向，指物体在外力的作用下遭到破坏而向下坍塌。keep off 和 keep away 表示不接近时，off 的意象图式是分开，不接触，而 away 的意象图式是远离。

第三节 小结

习语意义的本质是概念性的，其语义可以推导。隐喻、转喻和百科知识是习语意义产生的认知机制。习语认知机制的提出确认了习语意义的可分析性，并有助于对习语的理解和准确运用。短语动词由动词和方位词构成，方位词表示空间关系的概念，来自意象图式。认知语言学认为，在我们的概念之先存在两种结构，一是基本范畴结构，二是意象图式结构。这两种结构本身是直接有意义的，即可以被直接理解，是基于我们的身体经验，抽象概念产生于这两种结构。因此意象图式不仅构建了空间域，也通过隐喻投射构建了许多抽象域中的概念，是词义形成、拓展和推导的基础。

第五章

认知与词汇理据

词汇学中通常将词汇理据分为拟声理据、语法理据、语义理据、逻辑理据和文化理据。词的理据指的是事物和现象获得名称的依据，说明词义与事物或现象的命名之间的关系。① 词义的获得来自概念和范畴，与人的认知方式密不可分，如互动体验、意象图式、隐喻、转喻、识解等。因此事物或现象的命名取决于我们对世界的认知。从广义理解，理据是指语言表达式的形式和意义之间的非任意性的联系，这种联系构成了象似性的基础。

第一节　语言符号的象似性

词是音义的结合体，那么，词是否是对客观世界中事物的模仿，关于语音形式和意义之间的关系问题一直是研究者们关注和讨论的问题。一种观点认为形式和意义是由自然性质决定的，如拟声词。另一种认为形式和意义之间的关系是以言语社团的约定为基础的，也就是说，形式

---

① 陆国强：《现代英语词汇学》，上海外语教育出版社1998年第1版，第60页。

和意义之间的关系是任意的。近年来,随着对语言和认知的研究,人们发现语言形式不完全是任意的,语言结构反映了人们在对客观世界的认知加工的基础上形成的概念和概念结构。认知语言学主张语言形式和意义之间具有象似性(iconicity),是有理据的。

一、象似性和任意性

普通语言学中指出语言是一种符号系统。符号是所指和能指的结合体。能指和所指之间关系本质上是任意的。语言符号任意性的观点来自现代语言学的奠基人索绪尔。索绪尔[①]所说的能指和所指分别指音响形象和概念。在其论述语言符号的性质时,将符号的任意性视为"头等重要的第一原则"。这种任意性表现为能指与现实中的所指没有任何自然的联系,是约定俗成和不可论证的,因为不同的语言给同一事物赋予了不同的符号。但他的观点是基于词语层面上,而且仅是就音响形象和概念之间的联系得出的结论,因而这种音义之间是有一定的任意性。后来的语言学家受到这一观点的影响,有的将语言的任意性扩大到语言的其他层面,如句法结构。能指和所指的任意性也逐渐演变为语言形式与所指意义之间的任意性。形式与意义之间是否存在任意性成为了学者争论的焦点。乔姆斯基认为语言的能指和所指没有直接关系,提出语言具有自治性和生成性,句法也具有自治性,独立于其他知识和认知能力。符号学创始人皮尔斯提出了符号三分法,即象似符(icon)、标记符(index)和代码符(symbol),其中 icon 这一术语指符号形式和所指事体之间存在一种自然的联系,也被译成"图象",包括映象(image)、拟象(diagram)和隐喻(metaphor),这些与我们所讨论的象似性最相

---

① 索绪尔著、高名凯译:《普通语言学教程》,商务印书馆 2002 年第 1 版,第 102 – 105 页。

关。然而皮尔斯的观点在当时并未受到关注。

功能语言学派则以语义研究为中心，在涉及语言性质问题时，认为语言是一个由语义、词汇语法和音系三个层次构成的符号系统，语义和词汇语法即意义和形式之间的关系是非任意的，而词汇语法与音系之间的关系则是任意的。① 认知语言学家对语言的任意性提出了质疑和挑战，并进一步推动了象似性理论的发展。Haiman 在 1985 年出版了《自然句法》和《句法象似性》两本书，系统地对语言句法中所存在的象似性进行了较为详尽的分析和研究。他采用了皮尔斯的观点，并主要研究象似符中的映象符和拟象符。语言中的映象符包括听觉上拟声象似的拟声词和视觉上形象象似的字或词形，拟象象似的特征在语言中主要表现在句法象似上，即语言结构和现实中的事件结构之间的相似性。Langacker② 将音位单位和语义单位之间的结合体称为象征单位。语言中各种表达形式，词素、词、短语、句子、语篇都是象征单位。他批判地接受了索绪尔的符号观，强调音位单位与语义单位之间结合时的象征性和理据性。"语言中普遍存在类比和语言象征的现象，这在词汇的进化过程中不断起着许多理据性作用。语法本身（将词素组成较大的、复杂的语法构造）具有象征性。"

我国学者许国璋③认为任意性和约定俗成不是同义词，它们属于两个层次。所谓"约"是社会制约的"约"，受社会制约的东西，是社会共议的结果，绝不是任意的创造。他充分肯定人的认知在语言产生中的作用，"心生而言立"。王寅是我国认知语言学领域的颇有造诣的学者，

---

① 朱永生：《论语言符号的任意性与象似性》，《外语教学与研究》2002 年第 1 期，第 2—7 页。
② Langacker, R. W., *Foungations of Cognitive Grammar*, Vol. I Theoretical Preregusisites, Stanford: Stanford University Press, 1987, p. 328.
③ 许国璋：《论语言和语言学》，商务印书馆 2001 年第 1 版，第 58 页。

他对语言的象似性进行了深入系统的阐述，并运用象似性理论进行英汉对比的研究。英汉两种语言表达方式的差异象似于两个民族认知方式、概念结构、语义系统的差异。总之，认知语言学在语言象似性上的观点可概括为：语言不是一个独立的系统，而是受到认知方式和社会环境的制约，在很大程度上是有理据的。尽管语言符号在最初时期给事物命名时有一定的任意性，但是在构词过程中或在构成更大的语言单位如习语、句子中，是有动因、有理据的。但其动因和理据不再与语言形式直接反映外部的事物，不是对客观世界的临摹，而是反映人对世界的认知方式，即语言形式相对于人的认知结构来说不是任意的。语言是由客观世界、生理基础、认知方式、社会文化及语用因素共同促动的象征符号系统。

二、象似性分类

象似性是指语言符号在语音、语形或结构上与其所指之间存在映照性相似的现象。[①] 映照性不是说语言像镜子一样如实客观地反映外界事物，而主要指语言形式与所指意义之间所具有的对应性理据关系，因为认知语言学坚持一条总的原则：现实 → 认知 → 概念 → 语言。将象似性置于认知的基础之上，是因为我们参照的是关于现实世界的认知范畴或概念化的事物，而不是真实的事物，因而象似性表示的是语言符号与概念结构之间的对应性理据关系，而这种理据关系反映了人的认知方式和认知规律。这是一种广义的理据性关系，语言形式和意义之间的非任意性联系都可视为象似。认知语言学将象似性分为两大类，一是拟象象似性，二是隐喻象似性。拟象象似是指语言表达式与所表达的概念内容

---

① 王寅：《认知语言学》，上海外语教育出版社2007年第1版，第510页。

具有一致性。拟象象似反映了一定的语言形式代表一定的意义，形式相近，意义也相近；形式不同，意义也不同。隐喻象似从一个概念到另一个概念的映射过程。第三章的词义演变中提到，隐喻是词义发展和演变的主要途径之一，因而词的基本义和引申义的理据关系在于隐喻认知机制。

拟象象似性又分为以下几方面。

（一）顺序象似

事件发生的自然时间顺序以及概念时间顺序与语言表达的线性顺序相对应。例如：

1. （1）He opened the bottle and poured himself a glass of wine.

   （2）He poured himself a glass of wine and opened the bottle.

2. （1）He jumped onto his house and rode out into the sunset.

   （2）He rode out into the sunset and jumped onto his house.

在这两对句子中，第一句的顺序符合事件的自然时间顺序，第二句尽管符合语法规则，但难以接受，因为它们与自然顺序不相符，违反了象似顺序原则。

（二）距离象似

语言形式距离与概念距离相对应，即认知上相近的概念在语言形式的时间和空间上也接近。例如：

1. The writer and filmmaker disagrees.

2. The writer and the filmmaker disagree.

第一句中的 writer 和 filmmaker 距离更加紧密，表明两个词是指同一个人，因而谓语动词用单数。

（三）数量象似

语言的表达式越长，表达的概念信息量就越大，即概念的信息量、重要性、可预测性程度与语言表达的数量和复杂程度相对应。例如：

1. On the Brighton train from Victoria I met her.

2. Just imagine! Last night on the Brighton train from Victoria I met this fair-haired, fragile, just unbelievable beautiful creature.

第二句中语言表达明显多于第一句，所表达概念难于预测、出乎预料。

（四）标记象似

无标记性象似于常规的普遍意义，有标记性象似于特殊的额外意义。

1. Larry stopped the car.

2. Larry caused the car to stop.

第一句是常规表达，第二句则隐含了Larry以异常的手段使车子停下来。

第二节 词汇象似性

目前象似性在句法层面上的体现已有较多的研究成果，相比之下，词汇层面上的象似性仍缺乏系统的研究。Langacker[①]认为词汇和句法不能截然分开，它们是一个连续体。认知语法将词法和句法的内容都当作象征单位来统一分析。"今天的词法曾是昨天的句法。"这句话表明词汇的构成来自早期的句法结构，很多习语就是句法浓缩的结果。本节从映象象似、距离象似、顺序象似、数量象似、标记象似和突显象似对

---

① Langacker, R. W., *Foungations of Cognitive Grammar*, *Vol. 1 Theoretical Prereguisites*, Stanford: Stanford University Press, 1987, p. 3.

词汇的语音、词形、词序和词义理据进行探讨。

一、映象象似

（一）英语中有些词是通过声音的模仿构成的，这类词叫作拟声词。客观世界中有各种各样的声音，这在英语词汇中也有着相应的丰富表达。

1. 动物的声音

这些拟声词中，有的是直接模拟，如 cats mew, duck quack, mice squeak, snakes hiss, frogs croak, geese cackle, hens cluck, pigeons coo, bees buzz, cows moo。

有的是相似模拟，如 apes gibber, asses bray, bears growl, beetles drone, bulls bellow, camels grunt, eagles scream, horses neigh, lions roar, larks warble, magpies chatter, owls hoot, puppies yelp, pigs squeal, ravens croak, turkeys gobble, wolves howl, sheep bleat。

2. 物体的声音

bubble（冒泡的声音），blast（爆炸声），boom（波浪的澎湃声），bleep（汽车喇叭的嘟嘟声），clash（金属的叮当声），clang（叮当作响），clatter（硬物撞击声），click（门的咔哒声），crack（破裂声），gurgle（潺潺流水声），rattle（轰隆炮火声），rumble（雷的隆隆声），snip（剪东西的咔嚓声），whistle（口哨声），whine（机器的嘎吱声），whoosh（风的呼呼声），swish（窸窣声）

3. 情绪的声音

babble（胡言乱语），clap（表示赞许地拍手），grumble（咕哝地说），grunt（发出哼声），grudge（怨恨），growl（怒吼），mumble（喃喃自语），murmur（低语），whisper（窃窃私语），prattle（唠叨），sniff

（嗤之以鼻），snarl（愤怒吼叫声）whimper（呜咽声），whoop（高兴的喊叫），yawn（打哈欠），snort（嘲讽地哼一声）

（二）还有一类音素在发音时使人联想到一定的声音或动作。

1. cr-：碰撞

crack（破裂声），crash（碰撞声），creak（吱嘎声），crunch（吱嘎声），crush（碾碎），crisp（脆的）

2. gl-：发光

glamour（魅力），glare（闪耀），glaze（打光），gleam（发微光），glint（发光），glisten（闪耀），glitter（闪闪发光），glorify（美化），gloss（光泽），glow（灼热），glimmer（闪烁），glory（荣誉），glee（欢喜），glamour（魅力），glare（发出刺眼的光）

3. sw-：摇摆

swing（摇摆），sway（摇动），sweep（吹走），swirl（旋动），swagger（大摇大摆地走）

4. sl-：滑动

slide（滑动），sleek（滑的），sled（滑雪橇），slippery（滑的），slither（滑行），sloppy（泥泞的），slope（斜坡），slick（光滑的），sly（狡猾的）

5. sp-：喷洒

spark（喷火花），sparkle（火花），spatter（喷散），spill（溅出），spit（吐），spittle（唾沫），splash（泼洒），spout（喷出），spray（喷射），spring（涌出），sprinkle（洒），spurt（突然迸发），sputter（喷溅唾沫）

6. str-：用力

straddle（跨立），straight（直的），straighten（弄直），strain（拉

紧），strand（绞），strangle（扼死），strap（绑扎），strengthen（巩固），strenuous（紧张的），stress（压力），stretch（伸展），strict（严厉的），string（拉直），stringent（严厉的），(strip 剥去），stride（大步走），strike（打击），strive（努力），struggle（奋斗），strut（支撑），strife（竞争），constrain（约束），restrain（抑制），constrict（压缩），restrict（限制）

7. wr-：扭曲

wrangle（纠纷），wrap（包裹），wreathe（缠绕），wreck（严重毁坏的汽车），wrench（扭伤），wrestle（摔跤），wretched（难受的），wriggle（扭动），wring（拧出），wrinkle（皱纹）

（三）叠声词

dilly-dally（磨蹭），heehaw（傻笑），kittle-cattle（难以对付的人），riff-raff（废物），fiddle-faddle（胡说），pit-a-pat（噼啪声），tick-tack（滴答声），flip-flap（啪嗒声），tit for tat（针锋相对），click-clack（咔嗒声），wishy-washy（淡而无味的），wigwag（摇摆），zigzag（弯弯曲曲），shilly-shally（犹豫不决），knickknack（小装饰物）

由此可见，拟声词不是词汇中的例外或少数。拟声词是一种映象象似，其形式与所指意义之间具有最大的象似度。但即使是这类词也不是对客观世界中真实声音的再现。由于我们对世界的感知是由文化模型决定的，因此说不同语言的人在对声音概念化过程中倾向于突出声音的不同方面。例如阿拉伯语的中的 haphap，与它更接近的是英语的 woof-woof 以及法语中的 ouaf ouaf，而不是 bow-wow。与此相似，音素 /kr/ 即可以传达对刺耳的讨厌的嘎吱声的概念化，也可以传达对吃谷物早餐时所经历的嘎吱嘎吱声的愉快印象。

二、距离象似

距离象似体现在构词上。

（一）复合词中的象似

两个或两个以上的独立的词在一起出现，可能构成一个复合词，也可能是一个自由词组。语义是鉴别两者的主要依据。复合词的语义不是原来两个词的语义的简单相加，而是从中引出新的语义。例如 greenhouse 是温室，而 green house 是绿色的房子，前者为复合词，后者为自由词组。这体现的是距离象似性，两个词连在一起比分开写在概念上更紧密，其合成的意义往往具有新的和特殊的意义。

greenroom 演员休息室	green room 绿色的房子
greenhorn 没有经验的人	green horn 绿色的角
greenfly 蚜虫	green fly 绿色苍蝇
darkroom 暗室	dark room 黑暗的房子

复合构词中还有一种"句词"，就是将一个短语或句子中各成分用连字符连接起来变成一个词，原来的句子或短语降为词，使得各成分所表示的概念距离紧密，紧密得像一个词。连字符起到一个黏合单词的作用，拉紧了词间的距离，使几个词成了一个单位，表达一个概念。例如：

forget – me – not 勿忘草

merry – go – round 旋转木马

stay – at – home 不爱出门的人

good – for – nothing 无用的人

something – to – eat – in – a – hurry 速食食品

这类词还可作为一个整体意义的词来修饰名词。

a well‐to‐do man 富有的人

hard‐to‐get‐at volumes 难以借到的图书

a cards‐on‐the‐table approach 开诚公布的方式

the wait‐and‐see policy 观望政策

the end‐justifies‐the‐means philosophy 为达目的不择手段的哲学

（二）派生词中的象似

名词和数量、动作与方向之间在概念距离上具有较为紧密的关系，根据距离相似性原则，它们共同出现的频率也就较高。人们在生活中常常要对事物计数，根据这个经验，表示物体的名词与数量概念十分紧密，因而表示事物的词根与表示数量的前缀连在一起。例如：

hemi‐/semi‐：hemisphere, semifinal, semi‐skilled, semiconductor, semicircle

mono‐/uni‐：monarch, monotone, monograph, monolingual, monolith, monologue, monorail, monopoly, uniform

bi‐：bicycle, bilingual, bicentenary, bilateral

tri‐：triangle, tricycle, trilogy, tripod, triplicate

quadri‐：quadrilateral

multi‐/poly‐：multimedia, multipurpose, multitude, multiparty, multinational polytechnic, polygon, polyphony

kilo‐：kilometer, kilogram, kilowatt

centi‐：centimeter, centigrade, centigram, centiliter

milli‐：millimeter, milligram, milliliter, millisecond

micro‐：microscope, microfilm, microphone, microcomputer, microbiology, microchip

动作与方向在概念也是紧密相连的，因此表示动作的词根常与表示方向的词缀连用。

相反

de -：decrease, descend, degrade, deflate

dis -：disconnect, discover, disclaim

un -：unbutton, undo, unlock, untie

向内

in -/im -：insert, import, inspect, inject, infect, inhale, immerge, influx, infuse, imminent, intrude, intoxicate, invade, inflate

向外

ex -：export, expect, extend, exhaust, exhale, exclaim, exhibit, erupt

e -：emit, elicit, emotion, eject, effect, educate, emerge, eminent, exit, evade

向前

pro -/pre -：promote, prospect, protrude, precede, prevent, preoccupy

向后

retro -：retrospect, retrograde, reclaim, respond, react

re -：recess

分开

de -/di -：deject, deduct, diffuse, detoxify, digress, deport

移动

trans -：transmit, transport, translate

(三) 拼缀词中的象似

拼缀词中的两个单词因为经常在一起使用，因而融合成一个单词，使得两个概念更加紧密，成了一个概念。例如：

smoke + fog → smog（烟雾）

psychological + warfare → psywar（心理战）

situation + comedy → sitcom（情景喜剧）

三、顺序象似

有些词组按照一定的顺序排列，体现了顺序象似性。词序的象似性反映了语言成分的顺序与物质经验顺序或文化规约相对应。Cooper和Ross[①]指出，在西方文化中有关原型人（prototypical person）的观念决定了概念系统。如人直立行走，向前看和行走，大部分时间进行活动，并视自己是好的，同时人以自己所在的位置和时间确定空间和时间关系。人以自我第一（me-first）为取向，即以人自身为概念的参照点，概念的形成是以自我视角为出发点。这样的经验基础就形成了"nearest is first"概念系统，并反映在词序中，例如up and down, front and back, active and passive, good and bad, here and there, now and then, 这些就属于正常表达。因此，顺序象似性体现为与词序与概念结构和文化相一致。

空间顺序：this and that, heaven and earth, from top to bottom, high and low, import and export, to and fro, inside and out, come and go, the ins and outs

时间顺序：sooner or later, from dawn to dust, day and night, from birth to death, life and death, dead and turned to clay, first and last, give and take, crash and burn, toss and turn, pull and haul, divide and rule,

---

① 转引自 Lakoff, G. &Johnson, M., *Metaphors We Live by*, Chicago: The University of Chicago Press, 1980, p.132.

hit-and-run, down-and-out, rags to riches

正反顺序: goods and evils, max and wane, pro and con, advantage and disadvantage, through fair and foul, likes and dislikes, love and hate

文化规约顺序: men and women, man and wife, husband and wife, father and mother, boys and girls, ladies and gentlemen

四、标记象似

标记性一般指语言特征的不对称性，即一对被视作对立的语言特征被赋予有标记、无标记或中性的值。无标记项是指相对于一个有标记特性而言比较中性的、常见的、一般性的、分布较广、运用频率较高的语言成分，具有默认值。有标记项则指不常见的、意义具体的、分布较窄的、使用频率不高的语言成分。英语中的基本层次词汇词形简单、使用频率高、构词能力强，是无标记词，如 table，chair，而以此发展而来的上位和下位范畴词是有标记词，如 furniture，coffee table，rocking chair。一些成对的具有性别对立的词，如 prince-princess，hero-heroine，host-hostess，actor-actress，governor-governess，manager-manageress，前者是阳性名词，为无标记词，后者为阴性名词，为有标记词，通过词缀方式构成。这种性别标记词反映了人们经验和认知结构中对男女社会地位的认识和价值标准。范畴结构中有原型或典型成员以及非原型、边缘成员之分，有些词在概念化过程中具有倾向性，如 astronaut，president 等，虽没有明显的性别标记，但通常理解为只指男性。阳性名词在语义上具有泛指性，分布较广，构词能力强。而阴性名词在语义上比较具体，如 man-woman 这一对对立词中，man 不仅指男性，而且可以表示通称，如 A man is known by the company he keeps（见其友，知其人），Man proposes, God disposes（谋事在人，成事在天），还可构成复合词和派生词，如 chairman, policeman, postman, workman, ploughman, airman, man-made, manhood, manly, manful 等，而 woman 一词只限于女性，如 Woman is made to weep（女子生来好哭）。

在英语中还有一类表示空间维度的形容词如 tall-short, high-low, wide-narrow, deep-shallow, long-short。在这些形容词中，前面的词表示量大的、程度高的意义，包括了后者的语义范围，为无标记词，后面的词只指自身的语义范围，为有标记词。因此人们通常说：How long is it? What's its length? 而不是 How short is it? What's its shortness? Croft[①]把这类反义词称为可分级反义词，其特性是有理据的。以 long-short 为例，长的属性更为突显，更容易标示刻度，短有终点（end point），而长无终点，可以无限延长，因而 long 为无标记项，short 为有标记项。

五、突显象似

突显象似来自图形-背景原则。人们倾向于在背景中感知图形。图形通常是形状完整、体积较小、能够移动的物体，突显度高，成为注意的焦点，而背景相对而言突显程度较低，可作为认知上的参照点，往往是体积较大、静止的、独立性大的物体。因而突显象似表示信息的强调方式与语言表达式之间的对应。例如：

（1）The lamppost is in front of the house.

（2）The house is behind the lamppost.

第一句中 lamppost 具有感知上的突显性，因而充当主体，house 充当背景。第二句听起来则不符合我们的感知和经验。英语习语中，有些习语的前面成分成为图形，是被强调突出的部分，如 woof in sheep's

---

① Croft, W. & D. A. Cruse, *Cognitive Linguistics*. Cambridge: CUP, 2004, p.171.

clothing, ass in a lion's skin, a fly in the ointment, a snake in the grass。

六、数量象似

英语词汇中有大量的委婉语，用于表达人们忌讳的事物，如生老病死。这些委婉语通常表达式较长和复杂，虽然与相应的简单词语表达相同的概念意义，但因其模糊的语义在言语交际中具有不同的功能，如淡化、掩饰，顺应了人们的心理和情感需求。如把"死亡"说是 go to his long home, to go to Heaven, to rest in peace, to be gathered to one's fathers；将"老人"称为 a senior citizen, distinguished gentleman；掩饰贫穷可以说是 be underprivileged, be culturally deprived, down on one's luck, the low-income group。有些固定的短语，重复同一个词语表示强调或动作的持续，如 over and over, again and again, on and on, by little and little, round and round。而有些表达式并不是两个词的意义相加或组合，而是产生新的意义，如 by and by（不久），neck and neck（并驾齐驱），out and out（十足的），through and through（彻头彻尾地）。

第三节 小结

结构主义语言学认为语言是任意的符号系统，独立于语言使用者的认知和经验，而认知语言学强调语言结构非任意的有理据的本质，这种理据性就是象似性。建立在认知基础之上的象似性，不仅指语言形式在一定程度上反映客观外界事物，而且主要指语言形式反映了人们对世界的体验感知和认知方式，语言形式对应于概念结构。语言象似性的提出不是否认任意性，而是有力的补充。词汇层面的理据在语音上体现映象象似，构词上对应距离象似，词序反映顺序象似，词义上存在隐喻象似。词汇象似性的揭示对于词汇教学和学习有重要的参考价值和指导意义。在教学中，教师不应只注重形式上的解释，应引导学生积极主动探索和发现词汇构成规律，这不仅有助于词汇的理解和记忆，而且主动探究的过程也是一种互动体验。

功能篇

第六章

词汇与语篇

词汇是形成语篇最基本的要素。词汇在语篇中具有衔接作用，衔接和连贯是语篇分析的重要内容。Hoey[1]指出，"研究衔接手段的大部分工作就是研究词汇，而研究书面语篇的衔接也就是在很大程度上研究语篇中的词汇模式"。词汇衔接是语篇的微观结构特征，而句子和句子之间以及更大语篇成分之间的逻辑-语义关系则属于宏观结构组织。功能语言学从三个视角分析和解释语篇，即概念意义、人际意义和语篇意义，分析的焦点是小句层面。而随着功能语言学理论的发展，词汇在语篇中的功能和意义，尤其是词汇的评价功能受到研究者的关注。词汇衔接在已有的文献中研究较多，因此本章主要探讨词汇在语篇宏观组织模式的作用以及在语篇中体现的评价意义。

第一节 词汇与语篇模式

语篇的组织模式是语篇组织的宏观结构。Hoey[2]将组织模式定义

---

[1] Hoey, M., *Patterns of Lexis in Text*, Oxford: Oxford University Press, 1991.
[2] Hoey, M., *On the Surface of Discourse*, London: George Allen&Unwin, 1983, p.31.

为构成语篇的关系的组合。语篇的组织模式作为语篇组织的宏观结构，指语篇中各个主要成分的组合结果，是人们语言交际中互相遵守和期待的语言共识，在语篇生成和理解中起重要作用。在语篇交际过程中，语篇生产者会根据自己的交际目的、选择相应的语篇模式来建构符合语篇交际构成原则的语篇，为其交际目的服务，以实现有效交际。Hoey 等对英语语篇模式进行深入的研究，认为英语中可能存在着许多语篇模式如问题－解决模式、一般－特殊模式、主张－反应模式、机会－获取模式、提问－回答模式等。语篇模式是语篇互动的特征，是作者与读者的互动，即作者预测读者的问题或可能的反应来构建语篇。同时语篇模式反映了英语文化中的修辞规约，成为人们文化知识的一部分。其中问题－解决模式和主张－反应模式中往往有明显的词汇标记，用于组织和构建论点，标识作者意图，具有导向作用，可以激活语篇接受者的相应图式。

一、问题－解决模式

问题－解决模式的宏观结构一般由情景、问题、反应、评价或结果四个成分组成。各成分既可以由一个小句或句子充当，又可以由两个或更多小句或句子组成。其中，情景有时在某类语篇中是选择性的，反应指解决问题的办法，评价或结果有三种可能：一是肯定评价后再提供依据、理由，二是肯定结果后再提供肯定评价，三是肯定结果和评价结合在一个陈述中，如图5所示。

问题－解决模式经常出现在说明文、广告、科技文章、实验报告和新闻报道等语篇中。这类模式的各组成成分中常有明显的词汇标记。

问题的词汇标记：problem, solution, concern, difficulty, dilemma, drawback, hamper, hindrance, obstacle, snag

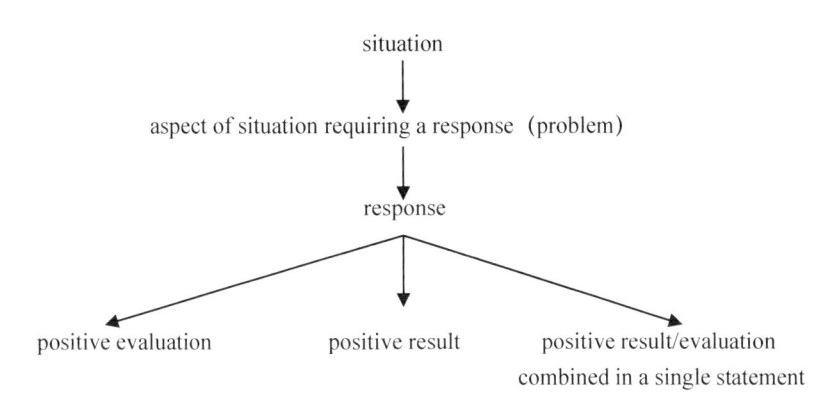

```
                          situation
                             │
                             ▼
        aspect of situation requiring a response (problem)
                             │
                             ▼
                          response
              ┌──────────────┼──────────────┐
              ▼              ▼              ▼
      positive evaluation  positive result  positive result/evaluation
                                            combined in a single statement
```

图5①

反应的词汇标记: change, combat, come up with, develop, find, measure, response

解决与结果的词汇标记: answer, consequence, effect, outcome, result, solution, resolve

评价的词汇标记: effective, ineffective, manage, overcome, succeed successful, viable, work

例如:

All western countries face a <u>crisis</u> in coping with the demands made on welfare provision by their growing elderly populations. The <u>problem</u> of resource scarcity is a real one. But perhaps not all countries have <u>adopte</u> d so rigorously as Britain the view that care should be based on the family model.

Scandinavia, for example, <u>provides</u> residential facilities for elderly people not wishing to remain at home or to live with their families, and those facilities are often available for use by local pensioners on a daily basis. Elderly

---

① Hoey, M., *Textual Interaction: An Introduction to Written Discourse Analysis*, London: Routledge, 2001, p.127.

people in the United Stated have developed communities of their own, supporting each other and running them by themselves, as their answer to increasing dependency. Some have argued against these age – dense solutions, likening them to ghettos, but research suggests a high degree of consumer satisfaction.

Examples from other countries demonstrate that there are alternative ways of tackling the issues of caring and dependency. The family model of care with the high demands made on women and lack of choice and frequent loneliness for the dependents is not the only solution.

(McCarthy, M. "Discourse Analysis for Language Teachers")

语篇中的词汇标记的选择受到语境的制约,如语篇的接受者、书面或是口语语篇等因素。例如,问题词汇标记 snag 和反应标记 come up with 通常不会出现在正式的科学报告中。在非正式的口语化的语篇中,会出现其他的一些具有同样功能的词汇标记,如习语。

例如:

Decide to tackle that troublesome moss on your lawn and you could find yourself going round and around in circles. Or at least backwards and forwards to your local garden center.

Conventional moss treatment simply won't keep moss away for any time. You apply it and shortly afterwards your moss blackens and dies. You think all of your worries are over. Far from it. The little so and so's will turn up again as sure as the proverbial bad penny.

You're back where you started. And left with the choice of getting down on your hands and knees to weed it out or traipsing off to the shops for some more moss treatment.

So if you want to save yourself heartache, backache and a considerable amount of shoe – leather, insist on Lawnsman Mosskiller from ICI. You'll be rewarded with a moss – free lawn for the rest of the season. Mix the sachet with water, stir, and sprinkle over your lawn. It's that simple.

(McCarthy, M. "Discourse Analysis for Language Teachers")

在非正式的问题 – 解决语篇模式中使用 in a fix, come up trumps, have a crack at doing sth, up a gum tree, be up against a brick wall, does the trick, have a brainwave 等习语来标示和组织语篇。

二、主张 – 反应模式

主张 – 反应模式又称为假设 – 真实模式（hypothetical – real）。该模式的宏观结构由情景、主张、反应三个成分组成。情景成分有选择性，主张和反应是该模式的核心成分。主张成分是作者陈述他人或自己已经说过的但没有认同其真实性的观点或情况，有时可根据需要同时提供该观点或情况的理由。反应是指作者对主张部分中的观点或情况的真实性阐明自己的看法或观点，肯定或否定、修正主张成分提出的观点或情况，并给出相应的理由，如图6所示。

主张 – 反应模式多出现在论辩、评论、新闻等语篇中。该模式的词汇标记有：

主张的词汇标记：assertion, assumption, belief, claim, conclusion, expect, feel, guess, illusion, imagine, proposition, rumor, speculation, suggestion, suppose, theory, think, state, say, estimated, expected, reported, considered 等。

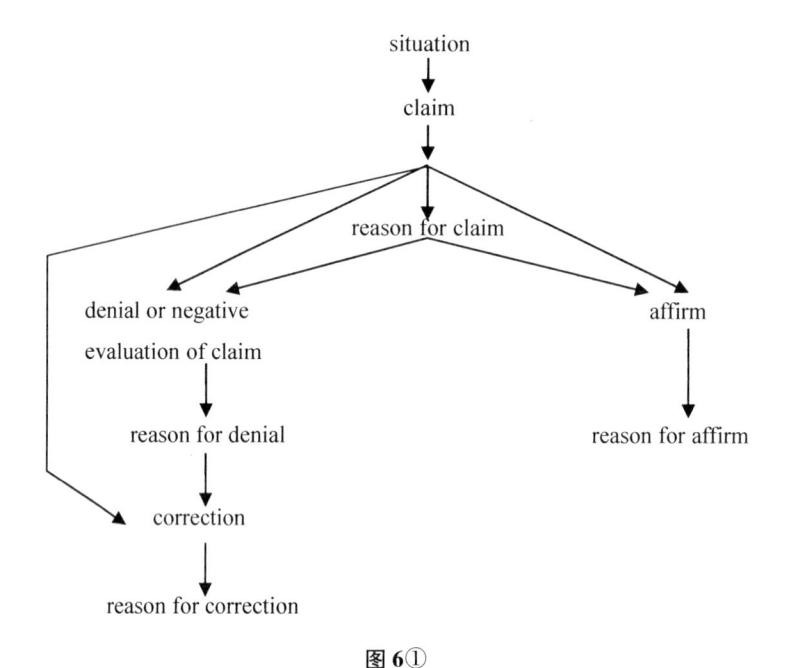

```
                    situation
                        ↓
                     claim
                        ↓
                 reason for claim
          ↙           ↓           ↘
  denial or negative              affirm
  evaluation of claim               ↓
          ↓                   reason for affirm
    reason for denial
          ↓
      correction
          ↓
  reason for correction
```

图 6①

反应的词汇标记：表示肯定的有 acknowledge, accept, affirm, agree, confirm, concur, evidence, fact, know, real, right, true, truth, consensus 等。

表示否定的有 contradict, challenge, correct, deny, dismiss, disagree, dispute, false, lie, mistake, object to, rebut, repudiate, not true, wrong, false, in fact, in reality 等。

例如：

They <u>say</u> Margret Thatcher only required three hours sleep a night. They <u>said</u> the same of Winston Churchill. It may be <u>true</u> of both of them, but I'm <u>not</u> convinced. We still tend to mythologize political leaders, and reported

---

① Hoey, M., *Textual Interaction: An Introduction to Written Discourse Analysis*, London: Routledge, 2001, p. 180.

sleep patterns are notoriously unreliable, even when the sleeping pattern in question is your own. There was a study 10 years ago in America which showed that the average person who declared themselves an insomniac could be shown on objective testing to be getting more than six hours sleep a night.

Anyway, the amount of time other people claim to spend under the duvet is not only unreliable but irrelevant. The correct amount of sleep for you is a personal thing which depends entirely on how you feel the next morning. Sleeping ten hours is fine if doesn't make you feel fuddled afterwards. Sleeping for four hours a night is not a problem if you wake up feeling rested.

(McCarthy, M. &R. Carter "Language as Discourse: Perspectives for Language Teaching")

第二节 词汇与语篇评价

系统功能语言学的创始人 Halliday[1] 提出语言的三大元功能，即概念功能、人际功能和语篇功能。其中，人际功能指的是语言除了传递信息之外还具有表达讲话者的身份、地位、态度、动机等功能。通过这一功能，讲话者使自己参与到某一情景语境中，来表达他的态度和推断，并试图影响他人的态度和行为。功能语言学认为人际功能主要是通过语气和情态系统来体现，着重考察语法层面。Martin 和 White[2] 建立的评

---

[1] Halliday, M. A. K., *An Introduction to Functional Grammar*, London: Edward Arnold, 1994.
[2] Martin, J. R. & David. R., *Working with Discourse: Meaning Beyond the Clause*, Beijing: Peking University Press, 2003, p. 22.

价系统理论（appraisal system）进一步扩展了系统功能语言学的人际意义框架。评价理论是"关于评价的，即语篇中所协商的各种态度，所涉及的情感的强度以及表明价值和结盟读者的各种方式"。该理论讨论的是语篇或说话人表达、协商特定的主体间的关系以及意识形态的语言资源，旨在评价语言使用者如何运用语言资源来表达赋值语义，探索发话人如何来传递自己对人、事物和事件的判断以及表明立场、观点和态度。评价不只停留在语言的表层意义上，而是通过表层意义看深层的意义取向，因而它是解读性、阐释性的。评价理论更加注重对词汇层的评价功能的研究，将人际意义从语法层拓展到词汇层。

一、词汇的评价意义

人际意义由评价、协商和参与共同实现。评价关注的是指作者或说话人的情感与态度。评价的对象涉及听者和话语内容，因而涉及不同的层面和评价范围。功能语法在语法层面讨论评价，主要研究小句范围内的评论附加语（comment adjuncts），由副词和介词短语充当。Halliday 和 Matthiessen[1]根据语义将评论附加语分为两类，一类表达说话人对整个命题的评论，如 naturally, obviously, no doubt, surprisingly, fortunately, sadly, rightly, 一类表达对言语功能的态度，如 honestly, certainly, actually, roughly, personally, for my part。例如下句中 undoubtedly 评价整个命题。

<u>Undoubtedly</u> the desire for food has been, and still is, one of the main causes of great political events.

---

[1] Halliday, M. A. K. & Matthiessen, *An Introduction to Functional Grammar*, London: Edward Arnold. 2004, pp. 129–132.

Thompson[①]指出很多评价是由词语表示的,用语法结构本身表达评价相当少,同时指出评价意义是任何语篇意义的一个核心部分,任何对语篇的人际意义的分析都必须涉及其中的评价。在言语交际中,说话人不仅传递信息,而且表达对所述事物和对他人话语的态度,因而任何话语意义都是概念意义和评价意义的相互结合产生的。巴赫金[②]认为,把指物述事意义和评价意义严格、清晰地划分开来,这种做法忽略评价意义在言语交际中的深刻作用。"指物述事意义是由评价形成的,要知道评价决定着该指物述事意义进入了说话者的视野,无论是最直接的视野,还是该社会团体的较为广阔的社会视野,而且评价还恰恰在改变意义上起着创造性的作用。改变意义实质上始终是重新评价:把该词语从一个价值语境转入另一个。"巴赫金把话语作为言语交际的基本单位,话语不同于抽象孤立的句子,它体现说话人独特的价值、立场和思想意识,具有社会性和表情性。词语作为话语的组成部分,当进入说话人的视野,也就是引入另外一个语境中时,说话人往往赋予其独特的个性化的评价意向,这样词语就具有了价值取向和评价意义,从而体现说话人的态度与情感,如同意或反对、承认或否定、赞许或批评、喜欢或厌恶、惊讶或讥讽。巴赫金将这种评价态度称为语调。因而,说话人不仅可以保留词汇原有的评价意义,而且可以在言语语境中改变或附加评价意义。

评价理论着重于考察语篇中的态度词汇和评价性词汇。评价系统包括三大次系统:态度(attitude)、介入(engagement)和级差(gradua-

---

① Thompson, G., *Introducing Functional Grammar*, London: Edward Arnold Limited, 1996, p.65.
② 转引自凌建侯:《巴赫金哲学思想与文本分析法》,北京大学出版社2007年第1版,第86页。

tion），它们各自又有子系统。态度是指心理受到影响后对人类行为、文本、过程及现象做出的判断和鉴赏。态度系统的中心成分是情感，判断和鉴赏都是以情感为基础的。情感（affect）是对行为、文本、过程及现象的心理反应。判断（judgment）是根据伦理道德的标准来评价语言使用者的行为。鉴赏（appreciation）通常是评价制造的或自然的物品以及更抽象的结构。态度的这三个子系统分别属于心理、伦理和美学范畴。介入分单声（monogloss）和多声（heterogloss）两个子系统，研究的是态度源，是调节责任的语言资源。级差包括语势（force）和聚焦（focus），对整个评价系统的话语资源起到强化、弱化、提升、降低等修饰功能。级差是一系列价值，其中语势指的是说话人借此把人际印象，以及他们的言语的容量分级，即强调程度的上扬（raise）和下降（lower）。例如 very，really，extremely。而聚焦指的是说话人借此把其语义类型的焦点变模糊（soften）或变清晰（sharpen），如 about/exactly，real/kind of。大多评价的价值都有强度分级，在高与低的连续体上。级差不局限于任何一个子系统，而是跨越整个评价系统，情感、判断和鉴赏都有强弱分级。例如情感：like/love/adore，判断：satisfactorily/well/brilliantly，鉴赏：attractive/beautiful/exquisite。评价资源的选择表明作者或说话人介入语篇的程度以及语篇呈现的客观性和主观性，例如在法律语篇中，几乎没有评价，因而具有最大程度的客观性。

二、词汇的评价类型

态度系统中的情感表达、人品判断和物值鉴赏三者都有正面与负面评价、显性与隐性评价之分。

（一）正面与负面评价

情感是人类生存的关键因素之一。人类不仅能体验情感，而且能表达情感和谈论情感。

Martin 和 White[①] 将有意识地经历情感体验的介入者叫作感受主体（emoter），引起那种情感的现象叫作触发物（trigger）。情感表达的价值在于它可能是说话人对某个现象或事件在情感上对他们的影响，并从情感的角度评价该现象。他们提出词汇取向的情感分类，在区分情感时考虑六个因素：

1. 情感是正面、积极的还是负面、消极的。表达积极的情感的词汇有 buoyant, happy, jubilant, like, love, adore, comfortable, trusting 等，消极情感有 sad, melancholy, despondent, heart-broken, sorrowful, gloomy, down, depressed, startled, furious, bored with, sick of 等；

2. 情感体现为外在的动作，还是内在的情感状态或心理过程。这种区分由行为过程，心理过程或关系过程来实现。如 She smiled at him. /She liked him. /She felt happy with him；

3. 是针对某个特定触发物，还是一般性的情绪。如 He dislikes leaving. /He was sad；

4. 情感的强烈程度，即情感的分级。如 dislike/hate/detest；

5. 是涉及主观意图，还是被动反应，或者说，触发物是真实的还是非真实的。如 He disliked leaving. /He feared leaving；

6. 按情感内容分类，是幸福/不幸福，安全/不安全，还是满意/不满意。它们依次关涉到"心的状态"（如幸福、悲伤，恨与爱）、生态-社会状态（如焦虑、平和、恐惧、信心、信任等）以及对目标的追求（如不快、好奇、尊敬等）。如 laugh/cry, cheerful/miserable, anxious/confident, uneasy/assured, scold/compliment, fed up/absorbed。

---

① Martin, J. R. &White, P., *The Language of Evaluation: Appraisal in English*, London and New York: Palgrave Macmillan, 2005, pp. 46–52.

判断系统指一系列由制度规定的规范对人类行为的肯定和否定评价的意义，包括社会尊严（social esteem）和社会约束（social sanction），从是否符合常规，是否有能力和韧性，是否诚实可靠和妥当等角度对人的个性和行为做出评判。如 Michael is highly intelligent, shrewd, intuitive, understanding, sympathetic, and generous to almost a fault of himself, 句中的形容词体现了说话者对 Michael 的判断。

表达肯定判断的词汇有 lucky, normal, natural, stable, fashionable, celebrated, vigorous, mature, insightful, competent, brave, heroic, patient, resolute, credible, frank, fair, modest, generous 等；否定判断的有 odd, eccentric, dated, weak, immature childish, dull, insane, naïve, inexpert, ignorant, incompetent, timid, cowardly, rash, deceitful, immoral, evil, mean, corrupt, unfair, snobby, arrogant, greedy, rude, selfish 等。

鉴赏是评价文本、产品和过程的系统，主要包含了与美学有关的价值。鉴赏可分为三个子范畴：反应（reaction）、构成（composition）和价值（valuation）。反应是对产品或过程的影响和质量进行评价，如 arresting, remarkable, splendid, appealing, dull, tedious, uninviting, monotonous, plain, ugly；构成涉及结构和复杂性，如 balanced, harmonious, elegant, incomplete, simplistic, distorted；价值是有关社会意义的，如 significant, profound, innovative, original, worthwhile, unsatisfying, sentimental, insignificant, ineffective。

（二）显性和隐性评价

如上所述，评价可以直接由显性的态度词汇来表示，但也可以间接地表达。

1. It is possible to turn out in quantity a <u>bland</u>, impersonal, practically

imperishable substance more or less resembling cheese.

2. After eating for a while at the table of my mother – in – law, it is sad to go back to eating with my friends – even the alleged good cooks among them.

3. The food thus pictured looks like famous painting of still life.

4、Some meats turn to leather. Others turn to wood pulp.

(Philip Wylie "Science Has Spoiled My Supper")

以上四句都是表示食物不好吃，没有味道。第一句直接用 bland 表示；第二句从情感的角度进行评价；第三句运用隐喻间接表达，食物如静物画，好看不好吃；第四句表示肉类食品经过冷冻后的味道如皮革和木浆一样，隐含同样的评价意义。隐性或间接的评价意义需要结合语境进行解读。

情感表达、人品评判和物值鉴赏可以相互体现。例如：

I felt disgusted with the smell.（情感表达）—The smell is disgusting.（事物评价）

He proved a splendid player.（能力判断）—It was a splendid innings.（事物评价）

It is a gruesome experience to have meals at the best big – city restaurants.（事物评价）—I dislike the meals.（情感表达）

三、词汇的评价模式

功能语言学认为人际意义的实现方式具有韵律性特征。Martin[①] 曾通过下面的例子说明小句中人际意义实现的韵律性特征：

[①] Martin, J. R., *English Text*: *System and Structure*, Amsterdam: Benjamins, 1992, p. 11.

That stupid cretin is really giving me the bloody shits.

在这个小句中，韵律是连续地实现的，利用了所有可以用来表达态度的资源以加强小句的否定含义，包括名词词组中的描述语（stupid, bloody）和事物（cretin）、限定成分后的情态状语（really）以及隐喻式过程中的习语（give someone the shits）。人际意义的实现常弥漫于整个小句、话轮甚至语篇之中，由语法、词汇、音质、语调等多种评价资源累积而实现。同样语篇展开后即对评价资源开始选择，这种选择会形成一种特定的模式，评价资源之间产生的共鸣就像音乐的韵律一样遍布整个语篇，加强或减弱作者的态度。评价选择的韵律模式建构了评价者的"态势"或"声音"，这一态势或声音界定了围绕着共享的价值建立起来的群体。评价者用不同的评价手段来影响读者，和读者建立不同的关系，拉近或疏远读者。[①] Martin&White[②] 进一步将韵律结构分为渗透型（saturation）、加强型（intensification）和主导型（domination）。这些韵律结构涉及多种评价资源。我们仅探讨词汇评价资源在语篇中所呈现的模式。在同一语篇中并不是呈现单一的模式，而是多种评价模式。

1. 渐进式

渐进式是使用具有级差意义的评价词汇或语义逐渐增强的词汇。

（1）This is the disintegrating power of a great wind: it isolates one from one's kind. An earthquake, a landslip, an avalanche, overtake a man incidentally, as it were—without passion. A furious gale attacks him like a personal enemy, tries to grasp his limbs, fastens upon his mind, seeks to rout

---

[①] Martin, J. R. & David. R, *Working with Discourse: Meaning Beyond the Clause*, Beijing: Peking University Press, 2003, p. 54.

[②] Martin, J. R. &White, P., *The Language of Evaluation: Appraisal in English*, London and New York: Palgrave Macmillan, 2005, pp. 23 – 24.

his very spirit out of him. (Joseph Conrad "Typhoon")

(2) The audience smiled, chuckled, and finally howled. (李鑫华《英语修辞格详论》)

例（1）中，以 grasp，fasten upon，rout 三个词语来描述台风的威力以及对人的威胁，从肉体上的威胁到精神上的摧毁，评价语义逐渐增强。例（2）中，观众先是微笑，继而轻声地笑，最后捧腹大笑，此时观众的笑或情感的表达达到了高潮。

2. 积累式

英语中很多词汇没有评价意义，但在具体的语境中，由于反复强调而被赋予了评价意义。

(1) There is nothing so bad or so good that you will not find Englishman in the wrong. He does everything on principle. He fight you on patriotic principles; he robs you on business principles; he enslaves you on imperial principles. (Bernard Shaw "The Man of Destiny")

(2) Newspapers have two great advantage over television. They can be used by men as barriers against their wives. It is still the only effective screen against the morning features of the loved ones, and, as such, performs a unique human service. The second advantage is that you can't line a garbage pail with a television set— it's usually the other way around. (Marya Mannes "What's Wrong with Our Press?")

例（1）中 principle 重复使用，具有了否定的评价意义，是对英国人做事原则的讽刺。例（2）中 advantage 本来具有肯定的意义，但在反复使用中了体现相反的评价意义。

3. 加强式

加强式是通过具有评价意义的词汇的反复使用来增强评价语气。

(1) "That," said her spouse, "is a lie." "It's the truth," said she. "It's a dirty rotten stinking lousy bloody low filthy two-faced lie," he amplified. He's just a lovely lovely lovely guy; Truly, truly outstanding. (Martin, J. R. & White, P. "The Language of Evaluation")

(2) They have enormous powers, and if they choose they may be cruel, oppressive, forward and perverse virtually without control – they may interrupt and bully, further their political views, and pervert the course of justice. (Martin, J. R. & White, P. "The Language of Evaluation")

4. 对比式

对比式是通过评价意义相反的词汇形成语义对比。

(1) It was the best of times, it was the worst of times; it was the age of wisdom, it was the age of foolishness; it was the epoch of belief, it was the epoch of incredulity; it was the spring of hope, it was the winter of despair; we have everything before us, we had nothing before us; we were all going direct to heaven, we were all going direct the other way. (Charles Dickens "A Tale of Two Cities")

(2) There are two Americans. One is the America of Lincoln and Adlai Stevenson; the other is the America of Teddy Roosevelt and the modern superpatriots. One is generous and humane, the other narrowly egotistical; one is self critical, the other self-righteous; one is sensible, the other romantic; one is good-humored, the other solemn; one is inquiring, the other pontificating; one is moderate, the other filled with passionate intensity; one is judicious and the other arrogant in the use of great power. (J. William Fulbright "The Arrogance of Power")

例（1）中通过具有对比意义的词语概括了充满种种社会矛盾、动荡不安的社会生活。例（2）评价了两种美国人的特点。

5. 渗透式

评价性词汇随着语篇的展开而随机显现出来，这种分布具有评价一致性的特点。

(1) After about three years with the special forces, our hell began.

He became very quiet. Withdrawn. Sometimes he would just press his face into his hands and shake uncontrollably. I realized he was drinking too much. Instead of resting at night, he would wander from window to window. He tried to hide his wild consuming fear, but I saw it. In the early hours of the morning between two and half－past－two, I jolt awake from his rushed breathing. Rolling this way, that side of the bed. He's pale. Ice cold in a sweltering night － sopping wet with sweat. Eyes bewildered, but dull like the dead. And the shakes. The terrible convulsions and blood－curdling shrieks of fears and pain from the bottom of his soul. Sometimes he sits motionless, just staring in front of him. (Martin, J. R. & David, R: Working with Discourse)

(2) But always pity brought me back to earth. Echoes of cries of pain reverberate in my heart. Children in famine, victims tortured by oppressors, helpless old people a hated burden to their sons, and the whole world of loneliness, poverty, and pain make a mockery of what human life should be. I long to alleviate the evil, but I cannot, and I too suffer. (Bertrand Russell. "What I Have lived for?")

四、隐喻的评价功能

不管隐喻是一种修辞现象，还是认知方式，在一定的语境中，某一类事物用来谈论另一类不同的事物就构成了隐喻。隐喻是人类组织经验的工具。人们利用相对熟悉或相对容易把握的经验领域来组织相对不熟悉或较难把握的经验领域时，也形成了某种态度，并采取相应的行动。隐喻可能出现在语言的各个层次，从词、词组、句子到整个篇章。隐喻性是语言的根本特性。既然语言从根本上来说是隐喻性的，我们有理由认为隐喻具有三大元功能，并通过具体的语言使用层面反映和建构着现实世界。Goatly①将隐喻常见的十三种功能与Halliday的三大元功能对照后，指出其中的类推争辩功能、情感态度表达功能、掩饰和修饰功能、亲密关系建立功能、幽默与游戏功能、意识形态功能主要对应Halliday的人际功能。评价意义有正面、肯定和负面、否定之分，既可以通过显性的词汇手段表达，也可以由包括隐喻在内的等一些隐性手段来实现。人们借用对源域事物评价的方法来评价目标域的事物，从而实现隐喻的评价功能。

（一）情感

情感可通过隐性的方式表达，如隐喻。

(1) My heart is like a singing bird

　　Whose nest is in a watered shoot;

　　My heart is like an apple tree

　　Whose boughs are bent with thickest fruit;

　　My heart is like a rainbow shell

　　That paddles in a halcyon sea;

　　My heart is gladder than all these

　　Because my love is come to me.

---

① Goatly, A., *The Language of Metaphor*, New York: Routledge, 1997.

（Christina Rossetti "A Birthday"）

诗中诗人通过隐喻分别将自己的心情生动而形象地比喻成"a singing bird""an apple tree""a rainbow shell"，充分表达自己爱的喜悦、爱的成就感和爱的激动和不安。

在日常生活中，人们在表达情感时，除了用直接的情感词汇外，更多的是运用隐喻概念。认知语言学家指出，情感范畴大都是隐喻表达方式，隐喻是情感概念结构形成的认知机制。例如有关"生气"的表达式 blow one's stack, flip one's lid, pop one's lid, blow one's top, hit the ceiling, get hot under the collar, lose your cool, get steamed up。汉语中也有怒发冲冠、火冒三丈、暴跳如雷、怒气冲天等表达法。

在叙事语篇中，作者通过情感的表达希望和读者建立一种情感连接。

(2) They had got me by this time into the apartment indicated by Mrs Reed, and had thrust me upon a stool; my impulse was to rise from it like a spring; their two pairs of hands arrested me instantly. (Charlotte Bronte "Jane Eyre")

这段话描写了简爱极不情愿进入里德太太指定的房间和被绑在凳子上，表达了她极其恐惧的心理，所以一心想要像个弹簧似地蹦起来。作者通过情感的表达来评价里德太太的行为，同时也是邀请读者和她分享那种情绪反应。而当读者接受了这种邀请，作者和读者之间的共同情感得到了加强。与读者建立一种情感连接后，她的这种情感反应会引发读者的同情。

（二）判断

隐喻是体现判断评价意义的重要资源。

"Wicked and cruel boy!" I said. "You are like a murder – you are like a slave driver – you are like the Roman emperors!"（Charlotte Bronte "Jane Eyre"）

简爱在里德太太家受到欺负和虐待，当她看书而被其堂兄约翰发现后，遭到一顿辱骂和殴打。她公开反抗，用三个隐喻揭露约翰的残酷，而且语势逐渐加强，同时也表现了她愤怒的情绪。

英语中有许多隐喻表达法表示人的品德和行为。如：as timid as a hare, chicken-hearted, bold as a lion, as stupid as donkey, stupid ass, silly goose, as sly as a fox, as wise as an owl, a cold fish。

《红楼梦》中运用了很多隐喻来评价人物的品性，如晴雯的刚烈（"是块爆炭"），李纨的麻木（"竟如槁木死灰一般"），迎春的懦弱（"混名叫二木头，戳一针也不知嗳哟一声"），凤姐的心狠手辣（"嘴甜心苦，两面三刀；上头一脸笑，脚下使绊子；明是一盆火，暗是一把刀"）。

（三）鉴赏

对事物的鉴赏可通过隐喻来表达。

（1）方鸿渐受到两面夹攻，才知道留学文凭的重要。这一张文凭，仿佛有亚当、夏娃下身那片树叶的功用，可以遮羞包丑；小小一方纸能把一个人的空疏、寡陋、愚笨都掩盖起来。自己没文凭，好像精神上赤条条的，没有包裹。（钱钟书《围墙》）

文凭的重要性只相当于一片遮羞的树叶，读者对此可以做出否定的评价。

（2）a. Print Photos like a Pro.（像专家一样打印照片）

　　b. Enjoy a glass of liquid laughter.（Coca-cola）（享受流动的欢笑——可口可乐）

　　c. Posner lipstick: music to your lips.（波色尔唇膏：您嘴唇上

的音乐旋律）

　　d. Mentadent's Advanced Formulas are pure genius. （Mentadent 高级配方是真天才）

　　e. It gives my hair super shine, super body, and leaves it smelling fresh as a meadow. （它使我的头发发质柔软，熠熠生辉，恰似绿草地一般清新芬芳）

　　广告的目的是激发读者的购买欲望，说服他们购买或接受所宣传的产品或服务。所以广告的性质决定了其评价资源特点，就是运用大量的积极肯定的修饰语。除了出现频率很高的形容词外，广告中还常使用隐喻，对产品作出极为肯定的评论和鉴赏以使读者作出积极的反应。

　　（四）级差

　　隐喻作为实现态度的评价性资源，是加强的态度性词汇（attitudinal lexis），是实现语势上扬的语言资源，带有很强的评价负荷。同时，隐喻也具有清晰和模糊的评价功能。隐喻通过将抽象事物具体化，可以更好地理解和传达所谈论事物的特征。如人的大脑曾经被称作是"黑箱"，因为人们无法理解大脑的工作方式，将大脑看作"机器"，可以帮助人们揭示大脑的某些特性。在 Martin Luther King 的《我有一个梦想》的著名演讲中，演说者大量使用生动的隐喻，将一些事物的概念具体化。例如，manacles of segregation （种族隔离的枷锁），chains of discrimination （种族隔离的锁链），dark and desolate valley of segregation （种族隔离之黑暗和荒凉的深谷），quicksands of racial injustice （种族不平等之流沙），sunlit path of racial justice （种族平等之光明大道），beacon of hope （希望灯塔）。

　　与此相反，隐喻可以使话题陌生化。某事物是一个日常生活中非常熟悉的事物，为了揭示该事物尚未为人所认识的某一特征，使用者可能会有意用一相对陌生的事物来说明它，形成一种新奇的隐喻。① 例如：

雕塑是凝固的思想，是立体的音乐，是心灵之花的写照，是跌宕的故事和飞扬的情感在空间的定格。（赵丽宏《为石头流泪》）

作者用相对抽象的概念来定义雕塑，使日常生活中的雕塑陡然间与我们产生了一种距离，变得相对陌生起来。

（五）隐喻和意识形态

通过对评价意义的分析，可以看到不同的语篇类型有不同的评价尺度（scales of evaluation），以及不同的评价尺度所反映的不同文化群体有不同的价值观。例如一篇学术论文，讨论的是年老会使人的器官功能衰竭。作者写道：

The importance of this result is that it shows that age may affect the levels of performance…

这句话带有明显的评价意义，作者认为"这一结果研究非常重要"。然而如果是老年人在讨论这个问题，其评价很可能是"这一研究结果令人非常沮丧"。这一例子可以使我们看到，在科学领域中，"客观"是至上的；然而在人文科学中，"客观性"却可能被评价为"缺乏人情味"。可见，评价的选择反映和加强了不同文化群体的意识形态价值观。②

隐喻可以引导读者从某一意识形态的视角来理解篇章，从而达到影响读者的目的。意识形态在系统功能语言学的语境中指的是在一个特定的社会中思考和行为的方式，是人们习惯性的信念和价值，并深深地植根于话语之中。评价理论主要考察与价值观密切相关的语言表达，因此

---

① 束定芳：《隐喻学研究》，上海外语教育出版社2000年第1版，第33页。

② Thompson, G., *Introducing Functional Grammar*, London: Edward Arnold Limited, 1996, p.65.

对评价的研究可以揭示和发掘语篇的意识形态。例如，在美国的《时代周刊》中有一篇关于中国人在美国的非法移民的报道。该文以一位福建青年为例，描写了他偷渡到美国的艰难经历。以下是文章的标题和副标题。

JOURNEY TO THE WEST

An illegal Chinese immigrant embarks on a long and dangerous odyssey from Fujian Province to the promised land of America.

文章的标题"JOURNEY TO THE WEST"使我们联想到中国古典小说《西游记》。它意味着孙悟空和唐僧等人不畏艰险、意志坚定地去西天寻求"真理"。因此这个标题包含了一个隐喻，即一位中国福建青年像孙悟空和唐僧那样，具有坚定的"信念"和毅力，去美国寻求真理。这个标题所构建的隐喻成为主导整个文章基调或意识形态的主要因素。这一隐喻反映了作者的意识形态视角。另外两个由"odyssey"和"the promised land"所构建的隐喻进一步加强了这一意识形态立场。作者用奥德赛隐喻这位福建青年的艰辛和危险的偷渡经历，其隐含意义是非常明显的，即一位"英雄"，不畏艰险回到"家乡"。而"the promised land"使人联想起《圣经》中"出埃及记"，摩西带领犹太人在上帝的指引和帮助下，经过长途跋涉，目的就是为了到达上帝赐予犹太人的"希望的土地"。这一词语在文章中具有隐喻意义，即这位福建青年就像摩西那样义无反顾地听从上帝的指引，历经千辛万苦，目的就是要到美国这块"希望的土地"上来。作者有意用这种隐喻向读者展示中国的一个负面形象。中国被描写成无真理、迫害人民等形象，而与之形成鲜明对比的是，美国被描绘成"幸福的家园""真理所在的地方"或

"充满希望的地方"等。①

评价意义是系统功能语言学中人际功能的一个重要组成部分,涉及语篇中人物的态度、感情的强度、价值以及读者对其的解读。隐喻是实现评价意义的重要手段,而且具有隐性和间接的特点,体现正面、肯定或负面、否定的评价意义,具有很强的语义负荷。隐喻的使用往往是发话人对语言形式选择的结果,和语境因素有着密切的关系。隐喻不仅能映射我们的物质和精神体验,还可以为我们创建现实,特别是社会现实。② 隐喻在构建社会现实的同时也在构建社会关系和身份,反映讲话者的态度和价值观。

第三节　小结

词汇具有语篇组织和语篇评价的功能。语篇具有互动性、对话性和交际性,是作者与读者的交流与对话。语篇意义的生成和解读都受到读者的需要和读者的解读能力的制约。语篇互动表现在一方面作者对读者需求预测,按一定的顺序进行解答,另一方面读者根据语篇的信息,结合自己的需求解读语篇。语篇的解读必须借助语篇互动标记,即词语信号进行预测和回顾。了解语篇组织模式中的词汇特点,有助于把握语篇的宏观结构和语篇构建框架或图式以及语篇意义。词汇在语篇中评价意义主要体现在态度意义,即情感、判断和鉴赏,分为正面和负面、直接

---

① 洪艳青,张辉:《认知语言学与意识形态研究》,《外语与外语教学》2002年第2期,第5-9页。
② Lakoff, G. &Johnson M., *Metaphors We Live by*, Chicago: The University of Chicago Press, 1980, pp. 145-146.

和间接评价以及语势的强弱。随着语篇的展开，词汇评价在语篇中形成一定的模式，这些模式对语篇的衔接和连贯也起着重要的作用。词汇研究的语篇视角是将孤立的词项置于一个开放的语言系统中，从而全面考察和理解词语的意义和功能。

第七章

词汇与文体

　　文体是一种语言的功能变体，如文学文体、广告文体、新闻文体、法律文体等。各类文体都有特定的文体特征。文体特征分析可在语音、书写、词汇、语法、篇章结构等各个层面进行，其重点是分析具有文体意义的语言特征，从那些被前景化的语言特征入手，挖掘作者的语用意图和语用效果，以便准确而客观地把握特定语篇的真正语义。文体与选词关系密切。英语中多数词语没有文体色彩，是词汇中的共核成分，可用于各种文体中。在词典中，有些词在用法上标注有正式（formal）、非正式（informal）、文学用语（literary）、俚语（slang）、专门术语（technical）、书面语（written）、口语（spoken）等，这些标识表明该词所使用的场合，具有明显的文体特征。人们在言语交际中根据语境选择恰当的词汇表达思想。言语交际是在一定的语境中进行，语境因素制约着语言形式的选择。言语交际中最重要的是得体性，即谁何时对谁说什么话。因而文体分析往往需要结合语境。本章在词汇层面上揭示口语语篇、叙事语篇和商务语篇的文体特征。

第七章 词汇与文体

第一节 口语语篇的词汇特征

口语交际与书面语交际是两类不同的交际方式。在口语交际过程中,发生的言语事件往往需要交际双方共同参与才能完成。因受到时间和空间因素的制约,同时保证交流的顺畅进行,交际双方没有多少时间进行字句斟酌,往往是脱口而出,尤其是在即兴或随意性的谈话中。由于是面对面交流,交际者可以借助非语言手段,如手势、面部表情、眼神及身体动作来传递信息。在运用书面语进行交流时,发话人往往参照想象中的受话人进行信息的传递,此时的言语交流以发话人为主。交际双方都不受时空限制,发话人有充分的时间措辞造句和谋篇布局。口语交际和书面交际方式的不同导致口语和书面语篇的文体特征的差异。口语语篇在词汇运用和选择上体现口语交际的特点。本节考察分析的是日常的非正式谈话,因为这种会话发生在真实时间里,而且是面对面的交流,体现口语语篇的真实性、自然性和互动性。

一、词汇密度

词汇密度是指实词和功能词在整个语篇中所占的比率。例如:

She gets a pound or something, you know, a month, but it was something that, I remember I was a kid, and, well, sort of, about sixteen seventeen or something, and this woman came to the door and erm I agreed to it and my mother kept, you know, my mother did it and she kept it on, you know, for about the last twenty years doing this.

这段话中共有67个词,其中只有19个是动词、名词、形容词或副词,即通常所指的实词,占 28%。其余的词汇为功能词,即介词、冠词,连词、代词等。Ure[①]认为口语语篇和书面语篇的平均词汇密度是 40%,如果低于 30%,就是词汇密度偏少。语篇中词汇密度少,如果没有足够的语境信息,会造成语篇理解上的困难,如一些指示词 this woman, it 的确定是依赖情景的。口语语篇体裁的不同,相应的词汇密度也会有所变化,日常的非正式谈话往往词汇密度偏少,相比而言,事先准备好的口头叙述的词汇密度则较高。

二、词汇重复

书面语篇中的词汇的重复是形成衔接和连贯的机制。在日常会话中,话题是由两人或多人磋商决定。为了达成某个话题,会话参与者通常重复某些词汇或换用形式不同但意义相近的词汇来表达。一味的原词重复在语用上并不适宜,常常可能阻碍话题的进展,从而达不到语篇交际的目的,甚至影响到会话人之间的关系。适量的重复和词汇变化是互动和合作的信号,促进话题向前推进,并能建立和加强交际双方的人际关系。词汇的重复可以出现在一个话轮中或话轮之间。

例如:

H: husband   D: daughter   W: wife

D: That looks very nice. Put it on and let's have a look at you.

F: I don't like the two buttons I didn't know it had two buttons I thought it had three.

W: Well, it's the style of the coat.

F: All right?

[①] 转引自 McCarthy, M., *Spoken Language and Applied Linguistics*, Cambridge: CUP, 1998, pp. 110–112.

D: Very nice.

M: It is beautiful.

D: Lovely, lovely.

F: Does it look nice？

D: Yeah, it goes very well with the trousers there's colour in the jacket that pick up the colour in the trousers.

M: Them others he wears are striped but they clashed too much alike.

F: Two different strip.

W: But not matching each other if you understand what I mean.

F: It's all right then?

D: It's very nice Dad it looks very very good.

F: I don't like the I like three buttons you see.

W: It's the style of the coat.

会话的情景是一家人准备去参加朋友的婚礼，主题是围绕丈夫的穿着展开。尽管丈夫自己一开始就想要谈论衣服上只有两粒纽扣的问题，但妻子与女儿显然在避开这个话题，一起说服他衣服非常合适。对话中的词汇重复：nice – beautiful – lovely，clash too much – not matching each other，goes well with – pick up。

三、评价词语

会话过程中听话者不是完全被动地在听，而是共同参与词汇模式的构建。在以叙述为主的会话中，说话人会对故事情节加以评论，常使用表现力强的词语，强调语、夸张词、象声词等，增强话语的效果和吸引力，使说话人感兴趣。这时，受话人较少接过话轮，只是在特定的一些地方插话，发表自己的看法，以体现与说话人趋同。会话趋同是听、说双方共同的责任，词汇的选择是努力趋同的重要信号。

A：It starts off with this tiny black，we're all in the dark you see and tiny little…and we hear this click – click and you see this little coloured pattern and this coloured pattern gets bigger and bigger.

B：What was this projected by，a movie projector or video or what?

A：No it was…erm…a slide sequence but it one after another…anyway the very funny bit was that the sound went.

B：That's the trouble when you rely on technology.

A：Yeah and that was very very funny and we're all sitting there in the dark and this picture thing going on you see，obviously going ahead the sound and him saying "why can't we hear any sound? Why is there no sound，technician?" you know，chaos and a great big smile on everybody's face.

这段会话是一位女士在跟同事谈论她参加过的一个会议，她用 tiny little，the very funny bit，very very funny，great big smile，chaos，click – click 等词语对会议进行评价和描述，听话人也用 trouble 一词对叙述作出评论和回应。

四、口语习语

非正式会话中频繁出现各种固定表达或套语。例如：

1. A：Hey, Sally. What's up?

B：Hi, Bill. How are you doing?

A：Pretty well, thanks. By the way, did you hear about my new car?

B：No kidding, a new car?

A：Uh huh. I bought an old Volvo the day before yesterday.

B：Hey, that's great. How much did it cost you?

A: It seems to me that it was a really good buy, and what's more, there isn't anything wrong with it— as far as I can tell, at any rate.

B: Yeah, it's a beauty; you were lucky to find it. Oh, guess what? Word has it that Jack just got a big promotion. Did you hear about it?

A: Yes, I heard. The other thing I heard is that he gets to move into a fancy big office on the top floor.

B: No kidding, that's great. Well, I've got to run now. See you later.

A: Well, then, so long for now.

说话人使用通常具有评价性的习语以表明对所述现象的评论和态度，并反映出会话人之间较为亲近的关系。

例如：

2. N: When are you heading off again Bob?

B: A week today…I shall be off to Munich this time…so I'm just wondering where the luggage is going to go and looking at my case now, I find that it's burst open and whether it's fair wear and tear I don't know, because last time I saw it was in perfect nick.

N: You reckon it might have suffered from its journey.

B: Oh they get slung about you know, I never used to get a decent case I buy a cheap one.

（B: Bob N: neighbour）

常见的口语习语有：for ages, at sixes and sevens, go fifty - fifty, have a head for, pot luck, dead easy, do - gooder, wet blanket, take someone down a peg or two。

五、模糊词语

模糊词语也称模糊限制语，指一些把事情弄得模模糊糊的词语。这些词语就话语的真实程度或设计范围、对话语的内容进行修正或限定,表明说话人对说话内容没有充分的把握,介于肯定和不肯定之间,体现说话人的主观认识和评价。根据模糊词语是否改变话语结构的原意,可将其划分为变动型和缓和型两大类。① 变动型模糊词语是指可以改变话语结构的原意的词语,或根据实际情况对原来的的话语意义作某种程度的修正。可以把一些接近正确,但不敢肯定完全正确的话语,说的得体一些,与实际情况更接近一些,避免过于武断。例如:or something, or whatever, just, like, sort of, kind of, somewhat, a little, some, to some extent, more or less, 此外,口语语篇中还常出现一些概括词,如 thing, stuff 等。

1. Hello. Yes. Good afternoon. Tourist Information Center. Yes. Hello Rosemary. No, he's not in today. Yes, do you want me leave a message for him to ring you or anything? …are you in tomorrow? …oh right, well the stuff at the moment we are getting, rather, well I, I don't know whether it's snow, hail, rain, Mm…That's right.

例1中的 stuff 概括了下文中各种天气状况,表明说话人不知道确切的情况,而使用 or anything 使得说话人的问题变得间接,减轻对受话人行为自由的潜在威胁。

缓和型模糊语是指不改变话语结构的原意,并使其肯定的语气趋于缓和的词,往往表明说话人对话语的看法。例如:I'm afraid, probably, seem, I believe, I suppose, hard to say 等。

2. Was the cause of death mentioned?

A severe chill, it seems.

---

① 何自然:《语用学概论》,湖南教育出版社1987年第1版,第157-162页。

3. My brother is in the dining hall? I don't know what it all means. I think it is perfectly absurd.

总之，模糊词语表现说话人的主观认识和态度，反映说话人对事物的判断和估测。言语活动涉及交际双方，话语也是指向一定的交际对象，因而发话者要考虑受话人的因素，在言语交际中采取有效策略，以顺利达到交际目的。会话中模糊词语的运用一方面可使发话人的话语具有稳妥性。发话人在交际过程中，要发表自己的观点、态度和意见，为了避免绝对化和极端化，模糊词语可以使言语行为的力度减弱，使之不易被否定。这样，既给受话人以考虑选择的余地，同时又减轻发话人对观点或话语所承担的责任。另一方面，模糊词语的运用可以使话语具有礼貌性。人们的交际行为要遵循一定的社会规则，才能顺畅进行。礼貌原则就是其中的原则。Lakoff① 指出礼貌的程度受三条规律的支配：第一，不要强加于人；第二，给人以选择的机会；第三，友好相待。而在他看来，礼貌是人们为了满足脸面上的需求所采取的理性行为，即通过一定的言语策略给交际者各方都留有面子。因此，模糊词语在口语交际中对维系和改善人际关系起着重要的作用。

六、填补词语

人们在自由交谈时常常出现犹豫、思索、停顿等情况。为了使口语交际不中断，人们往往借助于"填补词语"。这些词语本身的语义虽然不十分明显，但它们却能明显反映出发话人的举止、态度、意向和感情。常见的填补词语有 oh, well, I think, I mean, shall I say, you see, you know 等，这些词语也称为话语标记语（discourse marker）。例如：

---

① Lakoff, R., "The Pragmatics of Modality", in Peranteau, J. Levi and G. Phares (eds), *Papers from the Eight Regional Meeting*. Chicago Linguistic Society, 1972.

1. A：At present moment I am eating muffins because I am unhappy. Besides, I am particularly fond of muffins.

B：<u>Well</u>, that is no reason why you should eat them all in that greed way.

2. But how did we become engaged?

<u>Well</u>, ever since dear Uncle Jack first confessed to us that he had a younger brother who was wicked and bad, you of course have formed the chief topic of conversation between my self and Miss Prism.

3. That reminds me, you mentioned christenings I think, Dr. Chasuble? I suppose you know how to christen all right. (Dr. Chasuble astounded.) <u>I mean</u>, of course, you are continually christening, aren't you?

4. Well I had malaria and I can never blood. How did you get malaria? Well I was in the jungles in Zambia. <u>You know</u>, and it's not that I'm boasting or any thing.

"well"作为应答标记，常出现在拖延解答、回避问题、否定评价、要求澄清等之前。例1中说话者在作出否定评价前用well以缓解语气，例2中的well表示说话者并不立即回答问题，而是要先进行一番叙述。例3中"I mean"表示说话人对说话内容的取向，也就是对先前理念和意图的修正和调整。例4中"you know"用于取得听话人的注意，促使听话人就说话人提供的信息建立互动的注意焦点或提供听说双方共有的背景知识。

第二节 叙事语篇的词汇特征

叙事语篇是作者与读者的书面交际,结构比口头交际复杂得多。作者把故事信息传递给读者,读者则通过作者建构的小说世界解读出其中的隐含意义。《伊芙琳》选自爱尔兰作家乔伊斯的短篇小说集《都柏林人》。这部集子收入15个短篇故事,分为童年、青少年、成年和社会生活四个部分。在这部小说集里,乔伊斯以其独特的眼光记录了都柏林当时的社会现实,并真实地反映了当时爱尔兰人的心理状态。贯穿其中的主题是:都柏林生活的麻木状态。《伊芙琳》的女主人公就过着这种无可奈何、无能为力的麻木生活。她在商店里任人差遣,在家中守着凶暴的父亲过着辛劳拮据的日子,却没有勇气摆脱这个环境跟着情人去开创新的生活。本节从词汇层面对《伊芙琳》的主题、衔接和修辞进行分析。

一、词汇与主题

乔伊斯创造《都柏林人》时还是个现实主义者,主张作者的不介入和叙述的不着痕迹,以达到逼真自然的古典效果。从这一原则出发,该书在用词上使用的完全是日常而非艺术的语言,目的就是使语言成为一面材质和形式都被隐蔽的玻璃,读者可以透过它直接看到生活。[1] 从整体上看,文章中用词属于英语词汇的"共核"成分,多为简单的单音节或双音节词,如 sit, lean, pass, hunt, change, play, look。作者

---

[1] 高山:《以接受理论试析〈伊芙琳〉的创作特色》,《扬州职业大学学报》2005年第9期,第19-22页。

多使用具体名词，如 window, cretonne, footsteps, concrete pavement, cinder path, roofs, field, blackthorn, house, wall, photograph, harmonium, letter, porthole, quay, mist。它们有助于唤起读者对具体事物的联想，清晰地再现女主人公的生活环境，让读者有最直接和感性的认识。

作者极少使用修饰性形容词，这很符合小说的内容，因为乔伊斯在此描写的是中下层人们的生活，他们没有受过多少教育，自然而然也就不具备用大量的形容词来描绘事物的能力。类似 dusty, tired, yellowing, broken, hard, melancholy, close, dark, pitiful, cold, pale, black, mournful, passive, helpless 等形容词，都能对人的视觉或触觉产生不快的影响，它们往往与低沉的情调联系在一起，衬托小说的压抑沉闷基调（a depressing tone）。在第二段中，作者用给人明快感觉的形容词 red, new, bright, shining 来描绘一个外国人的房子，而用 little, brown 描写本地人的房子，在强烈的视觉对比中烘托小说主题，同时也暗示着伊芙琳狭小而暗淡的生活背景。

在动词方面作者选用了大量的静态动词（static verb），如 have, be, hear, remember, know。

She <u>looked round</u> the room, <u>reviewing</u> all its familiar objects… <u>wondering</u> where…

In her home anyway she <u>had</u> shelter; she <u>had</u> those whom she had known all her life about her.

Even now, though she was over nineteen, she sometimes <u>felt</u> herself in danger of her father's violence.

Down farin the avenue she could <u>hear</u> a street organ playing. She <u>knew</u> the air.

She <u>remembered</u> the last night of her mother's illness; she <u>was</u> again in the close, dark room…she heard a melancholy air of Italy.

　　这些静态动词的运用一方面展示了伊芙琳的内心世界和心路历程，另一方面展示了伊芙琳的生活状况：一切都是静止的，缺乏活力和生机，停滞不前，没有任何改变，而伊芙琳正是这种生活状态下的牺牲品，是一个缺乏行动的人。唯一具有动作意义的动词是 stand up，暗示伊芙琳产生了一种精神顿悟（epiphany），回想母亲悲惨的一生让她意识到了自己的生存状态。虽然她作出了选择，但同时伴有一种恐惧感，以至最终未能去实现梦想。

　　与伊芙琳形成对比的形象是她的追求者弗兰克，他是一个行动的人，似乎有能力把伊芙琳从瘫痪麻木的状态中解救出来。作者用来描写弗兰克的动词大都是一些动态动词（active verbs），而且基本上以主动语态居多。

　　He was standing at the gate…He used to meet her…He took her to see the Bohemian Girl…He told her the name of the ship…He had fallen on he feet in Buenos Ayres…and had come over to the old country.

　　He held her hand…He was drawing her into them. He rushed beyond the barrier and called to her to follow.

　　一般说来，叙事语篇的开篇作者常常交代清楚故事的背景，如故事发生的时间、地点和人物等，以便读者解读语篇。但《伊芙琳》的开头出现人称代词"she"，没有确切的指称对象。人称代词属定指词语，应表达已知信息。而作为故事的开端，作者要传达给读者的显然应该是新信息。因此，在这里作者把应传达的新信息作为已知信息传递给读者。作者在此使用人称代词，已把它指代的对象作为与读者的共享的知识，假设读者知道作者想表达的信息，从而提高这些信息的心理空间可及性，大大缩短了作者与读者之间的心理空间距离。伊芙琳的身份是在别人对她的称呼中才得以确定，表现出伊芙琳的地位卑微，不受尊敬。

二、词汇与衔接

《伊芙琳》是意识流思潮萌芽阶段的作品。虽然在创作这部作品时，乔伊斯还未采用真正意义上的意识流技巧，却已将笔触转向人物的心理世界。意识不受时空限制，可以游走于不同空间，回忆过去，表现现在，展望未来，所以具有随意性、跳跃性，而这些特点往往使小说很难在读者脑海中形成连贯的语篇。纵观全文，作者还是使用了一些手段来达到语篇的连贯，主要是词汇复现的衔接手段。这些词的反复出现不但能起到衔接句子的作用，而且使语篇获得一定的文体效果和语用意义。

1. One time there <u>used to</u> be a field…The children of the avenue <u>used to</u> play together in that field. …Her father <u>used to</u> hunt them…but usually little Keogh <u>used to</u> keep nix….

这里反复使用 used to，表示过去的习惯，将读者的视线从现实空间引入到回忆空间，既有伊芙琳对过去美好时光的留念，又有一种一切都已成为过去的失落的气氛。

2. Now she was going to go away like the others, to leave <u>home</u>.

<u>Home</u>! She looked round the room.

She had consented to go away, to leave her <u>home</u>.

But in her new <u>home</u>, in a distant unknown country, it would not be like that.

这个家在伊芙琳心理不仅是她生活多年的地方，还包括她家里熟悉的陈设和需要照顾的亲人。"Home"一词的重复出现，让读者的思维随着伊芙琳的意识一起移动，虽有时空的转换，但这种心理活动的展开是连续的：她留恋过去完整的家，打算离开现在沉闷的家，憧憬着未来幸福的家。

3. She sat at the window watching the evening invade the avenue. Her head was leaned against the window curtains, and in her nostrils was the odour of dusty cretonne.

But she continued to sit by the window, leaning against the window curtain, inhaling the odour of dusty cretonne.

作者通过这段叙述的重复强调都柏林的压抑气氛。在人生如此重大的抉择关头，伊芙琳除了坐在那里回忆，没有任何行动。读者从伊芙琳的表现中，悟出造成她这种缺乏活力的生存状态的原因。

三、词汇与修辞

作者运用了多种修辞手段。明喻（like a helpless animal）、隐喻（out of a maze of distress）、夸张（all the seas of the world）、移就（mournful whistle）、拟声（clang, crunch）、委婉（that life of commonplace sacrifices closing in final craziness）。此外乔伊斯运用了象征的创造手法，构成了这部小说的一大文体特色。象征通常有两种，一种象征具有常用性和普遍性，如鸽子代表和平，玫瑰代表幸福。另一种是作者赋予某一事物以独特的含义，乔伊斯在作品中更多的是这种独创的象征。

…where on earth all the <u>dust</u> came from.

The <u>evening</u> deepened in the avenue.

Amid the <u>seas</u> she sent a cry of anguish.

…saying something about the <u>passage</u> over and over again

She gripped with both hands at the <u>iron railing</u>.

作者在文中反复提到 dust，灰尘象征了单调、枯燥、乏味的都柏林人生活,它来自英语中的一个习语"as dry as dust"。小说中的故事以傍晚为背景,开头描写伊芙琳倚窗冥思,夜色袭入街道,到夜色已深她依旧坐在窗边,再到故事结尾她打算跟弗兰克趁夜色逃走。"傍晚"象征着都柏林的生活一片灰暗,毫无生机,毫无希望。同时也象征了当时黑暗的宗教,就像是笼罩在上空的一张令人窒息的大网,是造成都柏林人精神瘫痪的主要原因。海洋是生与死的象征,能给人以生的遐想,同时海水也能吞噬生命。在海那边,在那个遥远而陌生的国度,她或许能够过上幸福的生活。航程是逃避、探索、解放和新生的象征;铁栏杆是牢笼的象征,既象征了伊芙琳生活的环境,她渴望挣脱现有生活的束缚却又无能为力,也象征了生活在这种压抑环境下的爱尔兰年轻人精神瘫痪,不敢大胆行动,不敢去开辟新的天地。

第三节 商务语篇的词汇特征

随着世界经济越来越向全球化发展,我国与世界各国的贸易活动日益增多,人们越来越迫切地想了解如何使用英语同外商进行交往。而书面沟通在这些活动中起着极其重要的作用。商务英语的书面表现形式主要有商务信函、商务契约、商业广告、商务报告等。这些语篇形式广泛应用于商务活动的各个领域。而商务信函是商务语篇中的典型语篇,其功能是建立业务关系、磋商公务、答询业务、协商解决商务争端、纠纷等。国内外研究者主要对商务信函的体裁进行分析。体裁分析的核心是阐释特定语篇所要实现的特定交际目的。如 Bahtia[①]分析了商业促销信

---

① Bhatia, V., K., *Analyzing Genre: Language Use in Professional Setting*, Longman Group UK Limited, 1993.

和求职信的体裁结构，以此解释语篇建构的理据，揭示实现交际目的特殊方式和语篇建构的规范性。本节从功能语言学的角度分析商务信函在词汇层面的文体特征以及词汇选择运用的语境制约性，以期更深层次地理解此类语篇。

一、情景语境

系统功能语言学家认为语境因素十分复杂，并将这些因素大致分为三大类：话语范围（field）、话语方式（mode）和话语基调（tenor）。话语范围指的是话题以及与话题有关的活动；话语方式指的是话语滑动所选择的交流渠道，即口头的还是书面的；话语基调指的是讲话者与受话者之间的社会关系以及讲话者的交际目的。这三个因素分别影响语言的概念功能、语篇功能和人际功能。语境因素影响和制约着语言的选择和使用。语境的三个变量的变化，在语言层面就会构成不同的语篇。商务信函有着自己特有的话语范围、话语方式和话语基调，决定了商务信函在词汇方面的文体特征。

1. 话语范围：商务信函的话语范围涉及商务活动的整个过程，其中有建立业务关系、询盘、报价、还盘、下单、付款、装运、保险、投诉等环节。每个环节都涉及一个话题，因而商务信函里有许多与这些话题有关的专业词汇。

2. 话语方式：商务信函是以书面形式进行信息交流的，属于书面语体，与口语体相比，用词较为正式。

3. 话语基调：商务信函的交际双方是潜在的或已建立的商务伙伴关系。这种人际关系往往要求措辞正式和客气礼貌，而不是随意和亲密。商务信函的目的是为了建立和维系业务伙伴关系，因而基本上是说服性的。

二、专业词语

如前所述,商务信函中的专业词汇与商务活动的各环节有关。如quota(配额),tariff(关税),quotation(报价),inquiry(询价),catalogue(目录),discount(减价),order(订单),firm offer(实盘),counter-offer(还盘),claim(索赔),arbitration(仲裁),collection(托收),remittance(汇寄),all risks(全险),premium(保险费),franchise(免赔率),endorsement(保险批单)。

三、书面词语

Martin Joos[①]将语体分为庄严的语体、正式的语体、商洽性语体、随意的语体和亲密的语体。不同的语体使用的词语有所区别。商务信函是一种书面的正式语体,因而常使用一些书面词语或正式用语(formal words),体现正式性。例如:

1. After inspection, we regret to notify that the garlic has all sprouted.

2. We assure you that the shipment will be effected immediately upon receipt of your letter of credit.

3. Since the business is concluded on a CIF basis…

4. We hope that you will accommodate us in this respect.

5. We shall do all in our power to assist you in establishing a mutually beneficial trade.

6. We deem it rather premature to take into consideration the matter of sole agency.

---

① Joos, M., *The Five Clocks*. New York and London: Harcourt Brace Jovanovich, 1961.

7. We await your prompt reply.

8. We avail ourselves of this opportunity to approach you for the establishment of trade business with you.

9. As we must adhere to our customary practice, we sincerely hope that you will not think us unaccommodating.

10. We shall make arrangements for the shipment on receipt your amendments.

11. The following points are not found in conformity with the contract.

12. With reference to the correspondences exchange between us.

13. Therefore we have cabled you yesterday.

14. Furthermore, 60 days is too long for us to get payment.

15. We hereby draw your attention that application has been made to Bank of China.

商务信函中的正式用语使用较多的是动词，其次有名词、介词短语、连词和副词。其中有些有其对应的非正式用语，如 conclude/end, notify/tell, await/wait for, assist/help, avail ourselves of/make use of, therefore/so，后者常见于非正式语体。

四、缩略词语

缩略词语的运用体现商务信函语言的简洁性。这些缩略词语都是商务领域通用的术语。

L/C：Letter of credit 信用证

D/A：Documents against acceptance 承兑交单

B/L：Bill of Lading 提单

FOB：free on board 船上交货

CIF：Cost, Insurance, Freight 成本、保险费加运费

FPA：Free from Particular Average 平安险

五、态度词语

商务信函中频繁出现态度性词汇，用于表达写信人的情感和态度，体现商务信函的礼貌性。商务信函是商务交往中一种重要的体裁形式。体裁最重要的特点是具有交际目的。不同的交际目的制约着语篇的内容和形式。同一交际社团的人都承认并力图遵守这种制约性。撰写传递好消息的信函，一开头便应将好消息告诉对方，其余的事宜则容后叙述，其理据是对方对这消息持欢迎态度，双方的交流还应继续。撰写坏消息的信函，则需在信的开头安装一个缓冲的装置，以便让对方在读到坏消息前有精神准备。

由此可见，写信人应根据信函的性质和类型采取不同的策略和方法。写信人根据所传递的信息的类型采用不同的表达情感的语言手段。如传递正面消息时，写信人会表达自己积极的态度，反映出自己喜悦的情感状态，同时表明自己乐意与收信人共同分享这份快乐的情感状态：

1. We would have the pleasure to receive your inquiries for all kinds of goods.

2. We are pleased to confirm the cables exchanged between us.

3. We are glad to inform you that the above goods….

在告知负面消息时，如向对方投诉、索赔或告知无法成交，因所陈述的内容会令收信人感到不悦，因此写信人往往会表达自己的歉意或遗憾：

5. We are terribly sorry our last shipment arrived badly damaged.

6. It is regretful that we can not accept you 60 days draft.

7. We <u>regret</u> to say that owing to flood in Sept. in this area, we are not in the position to get the captioned goods ready before the date of shipment.

商务信函中写信人用以表达自己对所传递事件或信息的主观态度和实现表情功能的各种语言手段均属于程式化信息，其作用和功能就是使实义信息得以顺畅自然地表达，从而使整个信函构成一个得体、完整、有机和连贯的语篇，进而达到有效交际的目的。这些程式化信息除了表达写信人对传递的实义信息的态度、立场和心理状态外，还充当应酬套语的角色。现代社会的商业竞争激烈，保持良好的业务关系是至关重要的。商务信函中大量应酬功能的程式化信息的存在可以帮助交易的参与方打开交际通道，令人际交往畅通无阻，因而有助于维系人际关系，增加交易成功的机会。如果缺少这些程式化信息，实义信息的表达可能会变得机械和生硬，甚至可能导致收信人心理不适和整个交易失败或业务关系破裂。

商务信函作为一种正式的书面语体，服务于特定的言语社区，具有特定的交际目的，因此在词汇层面呈现特定的语言特点。这种语言特点实现不同的人际功能。商务信函词汇特征的分析有助于更深入地了解商务语篇的特点，同时可用于指导商务写作教学。商务写作对开展商务活动至关重要，也是一项重要的语言技能，学生不仅要写出合乎规范的语篇，还应注意语言运用的得体性，能根据特定的体裁选择恰当得体的词汇表达形式，有效地实现交际目的，更好地发挥商务语篇在建立和发展贸易双方的业务关系、沟通商务信息、塑造商业形象等方面的社会功能。

第四节　小结

　　典型的口语语篇是日常谈话，属于谈话语体，这种交谈是自然随意和非正式的。口语语篇的词汇密度少，传递的信息量较少。词汇使用主要体现人际交流的互动性和协商性，如词汇重复、评价词语、口语习语、模糊词语和话语标记语。商务语篇属于较典型的书面语篇和公文语体，使用较多的专门术语、缩略语、正式词语和体现礼貌性的态度词语。如果在商务语篇中使用口语化词语，会显得不得体。叙事语篇是一种文学语篇，用词具体形象，主要服务于语篇的主题或取得某种修辞效果。在文学语篇中，作者有时为刻画人物性格，会有意混用口语和书面词语。

第八章

词汇与语用

在语言交际中,说话者往往会根据现有的语言体系创造性地使用词语,创造新词或赋予词语以新义,以达到一定的语用效果或交际意图。这样,很多词语所传递的信息往往不是其字面意义,而是隐含的意义。这种隐含意义需要受话者结合语境信息进行推理才能理解。那么,意义究竟是什么?语义学和语用学都关注意义的研究。传统的语义学主要是对语义成分、语义关系作静态的描述,语用学则关注词语和话语在特定语境中所具有的交际价值,是对语言意义的动态研究。目前关于词汇语用意义的研究已作为一门新的学科发展起来。词汇语用学的目的在于解释话语理解中如何对词语或结构的语义信息和其在使用中语境信息之间的信息差进行语用搭桥,也即如何对它们进行以语境为依托的语用充实。[①] 词汇语用学所关注的重点是交际中的类似语用触发语。虽然信息处理以语境中的话语或言语行为为单位,但往往就是其中某个词汇或局部结构的出现,传递了特殊的交际信息或用意。

---

① 冉永平:《词汇语用学及语用充实》,《外语教学与研究》2005年第6期,第343 – 350页。

第一节 词汇语用意义的界定

虽然词汇的语用意义已越来越受到关注，但词汇的语用意义的界定并不是一件容易的事，我们需要区分文献中提到的几种意义。

一、语用意义和词典意义

现代语言学区分语言和言语。语言是音义结合的词汇和语法体系，言语是在特定语境中对语言的使用。在此基础上，词典学家 Zgusta[①] 区分了系统平面与实际话语平面，认为词典编纂者的主要兴趣在于系统平面的意义，即将词典意义划为语言平面。语用意义属于言语平面，也就是说，词汇的语用意义是在言语语境中产生的意义。语用意义具有动态性，是在言语互动中建构的意义；词典意义具有相对的稳定性，主要是描述词汇单位意义，包括基本义、引申义和系统义。基本义是词本来的意义，固有的意义；引申义是后来在不同时期在基本义的基础上同一定的语用环境结合而发展起来的，最初会有一定的临时性，但一个词的引申义一旦为使用这一语言的社会接受下来，就有可能进入词义系统，有相对的确定性和凝固性，就会成为词汇意义中的一个义项；系统义反映词语与语言系统内部其他词语间的关系。由此可见，词典意义也是开放发展的体系，体现的是词语与外部世界、词语与词语、词语与语境间的多维关系。另一方面，语用意义和词典意义也存在关联。在绝大多数情况下，系统中的意义与使用中的意义具有一致性，否则人们无法运用语

---

① Zgusta, L., *Manual of Lexicology*, The Hague: Mouton, 1971, pp. 25 - 26.

言进行交流，准确理解话语并达到交际目的。词典意义主要源于言语平面的意义。因而，词典意义包含有语用意义的成分，两者并非绝然分开。但词典意义无论怎样丰富，都无法包容或反映所有的词汇信息，尤其是特定语境中产生的交际意义。

二、语用意义和语境意义

Thomas[①]把意义进行层次的区分，分为抽象意义和说话人意义，说话人意义又包含两个层次：语境意义和交际意义。她把抽象意义看作是语言的意义潜能，也就是语言可能表达的意义。例如，多义词便存在多种可能的意义。这种意义是脱离语境之外的意义集合，具有不确定性。但在一定的语境中，一个词语的多种潜在的意义中只有一个是合适的，其他的意义得以排除，词义变得明确，这时抽象意义进入语境意义或话语意义。语境意义确定后，需要进一步确定的是说话人的交际意图。因此，语用意义是语境意义与交际意图的结合。例如，小说 *David Copperfield* 中 Miss Trotwood 对女佣人 Janet 喊的一句话"Janet! Donkeys!"，这里 donkey 的并不只是指草坪上出现的驴子，而且表示要 Janet 将其赶走。

三、语用意义的特点

我们将词典意义称为常规意义。词的语用意义不同于其常规意义，否则就没有存在的价值；也不完全等同于语境意义，而是在特定语境中临时构建的意义，并为一定的语用目的服务的。这种意义常因人、因时、因地而异，具有一定的临时性、不稳定性、主观性。词的语用意义

---

① Thomas, J., *Meaning in Interaction—An Introduction to Pragmatics*, London: Longman, 1995.

是指语言运用者在一定的语用目的的支配下，在语言运用过程中，以语境作为参照而赋予一个词的临时意义。① 这个定义指出了词汇语用意义的三个特点，即参照性、临时性和目的性。

第一，参照性。词汇语用意义的构建和解读必须参照两个因素，一是常规意义，二是语境。虽然词汇的语用义不是直接沿用常规意义，但其构建必须参照常规意义，是说话人在新的语境下对常规意义的创新使用，或是基于常规意义的一种新的语义延伸。这样，受话人才能根据词的常规意义和语境进行解读。

第二，临时性。交际中的词汇语用意义不是事先固定的，是在特定语境下词汇信息的临时构建，需要进行语用加工与调节，才能确定具体的语境化信息，只要语境发生变化，交际意义即可改变。例如一篇文章的标题"Science has spoiled my supper"，其中supper指代一日三餐，science则表示伪科学。

第三、目的性。词汇语用意义的目的是为了一定的语用或修辞效果，更好地实现说话人的交际意图。例如：I am More satisfied. 这是一则促销香烟的广告语，既指一种主要供女士抽的"More"牌香烟，也表示抽"More"牌香烟更能让人满意和得到满足感。

第二节　词汇语用意义的理据

词汇语用意义的形成涉及客观和主观两方面的因素。

---

① 汪榕培：《英语词汇学高级教程》，上海外语教育出版社2002年第1版，第298页。

一、客观因素

在词义演变中，词语在最初获得的意义上不断地发展新义，有的意义已消亡，而有的意义保留下来，与新义构成一个词义系统。根据原型理论，一个词的意义范畴可看成是以基本义为原型意义的语义范畴，各意义之间通过家族相似性联系在一起。由于词义的拓展，语义范畴成员在增加，边缘成员与其他词义范畴相互重叠，词义体系的开放性为词汇的语用意义的产生提供了客观基础。语用意义是属于言语活动层面。王德春①提出语言体系与言语活动的辩证关系，即人们使用语言开展言语活动，言语中的创新不断丰富语言体系。语言是由词汇和语法构成的宏观体系，表达词汇意义、语法意义和修辞意义。语言体系是约定俗成的，客观地存在于社会和群体思维之中，有客观公认的标准和规范，使用者必须遵守。人们在言语活动中，有时出于交际的需要，会突破语言的现行规范，创造性地使用语言，特别是在表达新事物、新概念、新感情时。言语活动的创新，一旦被社会承认，就会成为语言现实，使语言体系得到建构。这种言语活动中的微观变体是语言体系丰富和发展的源泉。

二、主观因素

在使用语言的过程中，语言必然带有个人的用词特点，人们的心理、感情和态度在词汇中在得到充分表露。这表现在语言使用者的心理情感活动在特定的语境中赋予词语一定的情感色彩和评价意义。

1. A few years ago, I was talking with a political leader about a promis-

---

① 王德春：《论语言学的建构性循环网络》，《外语研究》2009年第5期，第1-5页。

ing young woman as a candidate. "Why invest time and effort to build the girl up?" he asked me. (Shirley Chisholm "I'd Rather Be a Black than Female")

例1中，invest 原义为"投资"，这里表示"浪费"的语用义，带有歧视和贬低女性的评价意义。另一方面，人的认知能力，如隐喻思维能力，在语用意义形成中也起着重要作用。

2. Aging is the neglected stepchild of the human life cycle. (Robert N. Butler "The Tragedy of old Age in America")

stepchild 的语义特征投射到 aging 一词上，表示老年人得不到重视，得不到关爱、关心和关怀。

第三节 词汇语用意义的分类

根据收集的语料，我们将词汇的语用意义大致分为比喻义、指代义、反语义、双关义、夸张义和仿拟义。词汇的语用意义与修辞意义有关。Grice[①] 提出言语交际中应遵循的合作原则，即量的准则、质的准则、关系准则和方式准则。如果说话人有意违反这些原则，听话人要进行语用含义的推导。一些词汇的修辞手段就是故意违反的质的原则，即不符合事实的话语，从而产生一定的修辞效果和语用含义。

一、比喻义

1. Outside, in the pouring rain, fan Chris Singer was waiting to get in.

[①] Grice, H. P., "Logic and conversation", in Cole, P. &J. Morgon (eds.), *Syntax and Semantics*, Vol. 3: *Speech Acts*, New York: Acdemic Press, 1975, pp. 41-58.

"This is a pilgrimage ," Chris said, "I ought to be crawling on my knees."(Advanced English "Rock Superstars")

Pilgrimage 不是指宗教中"朝圣",此语境中表示"观看演出"的语用义,表达歌迷对摇滚歌星宗教般的虔诚和崇敬。

2. You've got to pay your dues, put in eight-hour weeks, but it's worth it when you make partner. (John Grisham "A Job Interview")

dues 不等于其词典意义:(加入俱乐部)所付的会费,这里比喻付出艰辛的努力。

二、指代义

1. And now an ermine toque and a gentleman in grey met just in front of her. (Katherine Mansfield "Miss Brill")

Ermine toque 是指戴着无檐貂皮帽的女子。

2. When I am in the humour I can compose grand symphonies, and paint magnificent pictures. I am, at once, Shakespeare, Beethoven, and Michael Angelo. (J. B. Priestley "On Getting to Sleep")

Shakespeare, Beethoven, Michael Angelo 是指代这些人所做的事情,即作者同时能够写作、作曲和绘画。

三、反语义

1. It is a very justifiable cause of war to invade a country after the people have been wasted by famine, destroyed by pestilence, or embroiled by factions among themselves. It is justifiable to enter into war against our nearest ally, when one of his towns lies convenient for us, or a territory of land, that would render our dominions round and complete. If a prince sends forces into

a nation where the people are poor and ignorant, he may lawfully put half of them to death, and make slaves of the rest, in order to civilize and reduce them from their barbarous way of living. (Jonathan Swift "Gulliver's Travels")

作者在这里控诉和讽刺了侵略战争, justifiable, lawfully, civilize 等词具有贬义。

2. I used to read, with wonder, those sycophantic stories of the warlike superman, the great troublers of the world's peace, Cromwell, Napoleon, and the like, who, thanks to their iron wills, could lie down and plunge themselves into deep sleep. (J. B. Priestley "On Getting to sleep")

"Iron wills" 原为"钢铁般的意志",是褒义,而这里临时表示贬义,即 Cromwell, Napoleon 等人虽有钢铁般的意志,却缺乏人情味,他们的行为是残忍、无情和愚蠢的体现。

四、双关义

1. King Claudius: How is it that the clouds still hang on you?

Hamlet: Not so, my lord; I am too much in the sun.

(William Shakespeare "Hamlet")

这是 Hamlet 和杀其父娶其母并篡夺王位的叔父 Claudius 的一段对话,表示了 Hamlet 对叔父称自己为 son 的厌恶之情。sun 与 son 同音, Hamlet 既回应了叔父的问话,又暗含耻为 Claudius 之子的语用意义。

2. Give your clothes a FRESH START!

Get rid of that dingy gray look with Fresh Start.

Laundry Detergent. It's so concentrated, just 1/4 cup helps clean away the gray even the leading detergent can leave behind. All your clothes will look so much cleaner, fresher, brighter—you'll feel great about the way you look.

What a beautiful way to start the day!

Get a Fresh Start every day!

Fresh Start 既表示商标的名称，又表示使用该品牌的产品，可以使衣物洁净、清新和鲜艳，人也变得神清气爽。

五、夸张义

1. The essential oils that make peas peas and cabbages cabbage must undergo fission and fusion in freezers. （Philip Wylie "Science has Spoiled My Supper"）

fission 和 fusion 原义为原子核的"裂变"和"聚变"，这里用夸张手法表示香精油在冰箱里经过激烈的化学变化变成了完全不同的东西，使得蔬菜失去了其原有的味道，这里具有嘲弄、讽刺的含义。

2. Hamlet：I love Ophelia, forty thousand brothers could not, with all their quantity of love, make my sum. （William Shakespeare "Hamlet"）

Forty thousand 的字面意义是"4万个"，这里是指"成千上万，许多个"，表示成千上万个人的爱加在一起也无法与 Hamlet 对 Ophelia 的爱相比。

六、仿拟义

1. No—let me make my last appeal. Listen to this! We've both remarried out of our senses. I was made drunk to it. You were the same. I was gin-drunk; you were creed-drunk. Either form of intoxication takes away the nobler vision…let us then shake off our mistakes, and run away together.

(Tomas Hardy "Jude and Obscure")

哈代根据通过 gin – drunk，仿拟出一个 creed – drunk，这一词点出了和酒醉一样糟糕透顶的信念迷醉的危害。

2. I had no outlook, but an uplook rather. My place in society was at the bottom. (Jack London "what Life Means to Me")

杰克·伦敦仿照 outlook 自造 uplook 一词，说出他自己当时一心想从社会的底层爬上上层社会的观点。

第四节　词汇语用意义的理解

语用学研究的两大主题是语语的生成和话语的理解。会话含义理论认为交际双方必须遵守一些基本原则，即合作原则。在违反合作原则的情况下，听话人推导出话语的含义。Sperber 和 Wilson[①] 提出的关联理论，将语用学的重点转移到认知理论上。他们从认知科学角度解释话语理解中的认知推理过程，将会话含义理论发展为一个具体的心理认知模式。话语理解不只是语言的解码，而是依赖于人已有的知识和经验。在话语理解过程中，听话人需要建构一系列的语境假设去处理说话人提供的新信息。新、旧信息相互作用产生语境效果，从而推导出话语含义，理解说话人的交际意图。因此对话语理解起主要作用是构成听话者认知语境的一系列假设，而不是具体的情景因素。关联理论不仅可以揭示话语理解的认知过程，也可以用以解读词汇的语用意义。

---

① Sperber, D. &D. Wilson, *Relevance: Cognition and Communication*, Oxford: Blackwell Publishers Ltd, 1986.

一、认知语境

根据关联理论，语境是一个心理建构体（psychological construct），是一系列存在于人们大脑中的假设，所以认知语境也称为语境假设。正是这些假设而非客观世界的实际状态制约着话语的理解。这种意义上的语境观不仅包括当前感知的物理环境、先前话语等具体的语境因素，还包括语言使用所涉及的情景知识、语言知识和社会文化背景知识，这些知识或信息经过内在化、结构化，以命题、框架、心理图式等为基本单位储存于大脑中，形成相互联系的知识网络。认知语境"包括语言使用所涉及的具体场合、语言上下文、知识结构以及社会心理表征"[①]。就词汇结构理解而言，词汇的语篇知识、语义知识、百科知识就构成词汇理解时潜在的语境因素。言语交际中，并不是所有的语境因素都参与意义的建构。交际者根据交际场合的需要，可以自觉或不自觉地激活与词汇有关的认知语境内容，作为语用推理的重要依据。认知语境最显著的特点是它的动态性。认知语境不是预先确定的，而是一个随交际展开不断选择和建构的动态系统。认知语境假设的选择以关联为取向，即选择最佳关联假设，以期对词语信息进行最优化处理，并构建与这些词语具有足够关联的心理表征。在关联理论框架中，语境被视为是变项，关联是常项。在言语交际中，交际者对认知语境进行不断地补充和扩展，从百科知识、短时记忆以及即时的情景中调用相关信息来理解词语或话语的含义。例如出现在伦敦地铁站的一句广告语：

If you're looking for a good job, we're offering a thousand a week.

这句广告语中的 a thousand 至少有两种解释：既可指每周提供一千

---

① 熊学亮：《认知语用学概论》，上海外语教育出版社1999年第1版，第115页。

英镑的工资,也可指每周提供一千份工作。第一种解读最易获得,因为它符合人们的关联期待和常规认知语境,人们找工作时更关注的是工资的多少。广告设计者也正是利用了人们的这一心理状态来吸引读者驻足观看,因而能产生更好的广告效应。但这种理解并不符合当前的语境,即这样的广告不会出现在地铁站中。所以尽管这个词语有歧义,但人们并不难理解整个话语所表达的意义。

二、交际意图

词汇的语用意义体现的是说话人的意义。说话人的意义有明说和暗含两个方面。说话人的明说一般有两种意图:一种是信息意图,即提供话语的字面意义;另一种是交际意图,即说话人想通过明说的信息意图所要传递的真正含义或暗含的意义。这种暗含意义就是语用意义。所以受话人不但要明白词语的字面意义,更要理解其暗含意义,继而理解说话者的交际意图和语用目的。例如:

1. Now everything, her hair, her face, even her eyes, was the same colour as the shabby ermine, and her hand, in its cleaned glove, lifted to dab her lips, was a tiny yellowish paw. (Katherine Mansfield "Miss Brill")

这是 Miss Brill 眼中一位街头女子的形象,shabby 和 cleaned 的字面意义是"破旧的","洗干净的",这些词语的使用表明这位女子容颜已逝,生活窘迫,同时也隐含了作者对生活在社会底层人物的同情和怜悯的情感态度。

2. This time I didn't leave Watts. (Stanley Sanders "I'll Never Escape the Ghetto")

"leave"一词的字面意义是离开,但是这里并不是表示离开瓦茨这个地方,在此语境中表示"背离"的语用义,其含义是掩盖自己黑人的身份，回避讨论有关黑人的问题和羞于表达自己的意见。

三、认知推理

关联理论把语言交际看作是一种明示推理的认知活动。从说话者角度看，交际是一种明示，即通过话语引起受话人的注意，诱发他去思考。从受话人的角度看，交际是一种推理过程，即受话者从发话者用明示手段提供的信息中推断出发话者的交际意图。因而词汇语用意义的理解需要受话人的认知推理。认知推理是一个以寻找关联为取向，参照词语的常规意义和激活认知语境的过程。例如：

Good prose is like a window pane. (George Orwell "Why I Write")

这句中的 window pane 作为一个触发语或一种明示，我们对其的解读并不能依赖其词典释义"窗玻璃"，必须激活相关的特征和信息，如透明、简单、普通、实用等，然后结合整个语篇意义，推导出话语的隐含意义，即好的散文应该具有文字简练、文体朴实、内容清晰、结构紧凑的特征。因此，话语理解必然涉及特定语境下词汇交际信息的寻找、选择、确认或验证，这一过程就是在特定语境制约下词汇信息的语境构建。

四、语境效果

根据关联理论，信息处理者投入一定的认知努力，便会获得一定的认知效果，额外的认知努力的投入可产生额外的认知效果。熊学亮[1]指出，"认知努力只是在表面上与关联度成反比，因为更高层次上的其他因素可以导致对认知效果和认知努力折算关系的相对性调整"。词汇语

---

[1] 熊学亮：《语言使用中的推理》，上海外语教育出版社2007年第1版，第53页。

用意义的理解和推导虽然增加信息处理的负担，却会产生诗性、礼貌、幽默、适宜等附加认知效果或语用效果。因此，"把信息处理的努力在单一层面上看成是评估关联度和鉴别关联期待的唯一标准是不标准的"[1]。认知努力只是影响关联期待的一个因素，但不是决定性因素。认知效果才是语用推理全过程的主导因素。人们在解读语用意义时需要付出一定的认知努力，才能获得对话语的全面理解，领悟说话人的意图，并获得额外的语境效果。修辞性词语（如比喻、反语等）的隐含意义推导能够产生的诗意效果（poetic effect）。Sperber和Wilson[2]认为隐喻是一种随意的言谈（loose talk），无须遵循真实准则。随意言谈往往包括说话人使用隐喻，让听话人去推理、联想，求得话语和语境之间的最佳关联。例如：

John is a lion.

听说人大脑中需要激活有关"lion"的语境信息"勇敢、威猛"，从而推导出暗含意义：John is brave in the way a lion is brave. 理解隐喻John is a lion比非隐喻话语John is brave需付出更多的认知努力，但可以获得额外的语境效果。有不同程度、不同类型的勇敢，说话人的意图不只是表达John很勇敢这一命题内容，而是表达John就像狮子那样勇敢，这种勇敢是体力上而非智力上，传达的是"有勇而无谋"的语境含义。隐喻的潜在意义越广，听话人建构隐含意义所付出的努力就越大，语境效果就越富有诗意，隐喻就越富有创造力。

人类认知活动的目的就是在认知过程中力图以最小的认知努力获取最大的认知效果，达到最大关联。但在语言交际活动中，人们期待的是

---

[1] 熊学亮：《语言使用中的推理》，上海外语教育出版社2007年第1版，第53页。

[2] Sperber, D. & D. Wilson, *Relevance：Cognition and Communication*, Oxford：Blackwell Publishers Ltd, 1986, p. 234.

获取话语与认知效果之间的最佳关联,即在话语理解时付出有效的努力之后获得足够的认知效果。这就概述出了由认知原则和交际原则构成的关联原则。认知原则解释了最大关联,交际原则解释了最佳关联。关联的交际原则以关联的认知原则为基础,而关联的认知原则对人类交际起导向作用。这条关联原则符合人类的认知心理和交际需要,对交际起指导作用。因而词汇语用意义的构建是获得最佳关联。

第四节 小结

词语的字面意义是表层意义,隐含意义是深层意义。尤其在语篇理解中,如果只理解词语表层意义而不挖掘深层意义,是无法全面理解语篇或作者意图的。词典意义是潜在的意义。在言语交际中,说话者为达到交际目的选择词语,运用比喻、指代、夸张等方式赋予词语特定的语用含义。词汇的语用意义是具体语境中动态建构的意义,其解读需要启动人们储存在大脑里的语境假设,是不断进行搜索、推理和决策的过程,与受话者的背景知识、认知推理能力有关。关联理论认为,在言语交际中,听话者对世界的假设以概念表征的形式储存于大脑中,构成用来处理新信息的认知语境。词汇理解对于整个话语的理解至关重要。话语理解是一个认知推理过程,话语所建立的假设与已有的语境假设相互作用,产生语境效果,获得新信息,进而改变已有的认知环境,达到进一步认识世界的目的。认知语境假设的建构以关联为取向,是不断选择、调整和顺应的动态过程。研究认知与词汇语用意义之间的互动关系对揭示话语生成和理解的认知过程有重大的理论意义,其研究成果可以用来指导英语教学实践。阅读、听力、翻译都涉及话语理解。在教学过程中，教师不仅传授语言知识，还应以语篇中的词汇为线索，激活学生相关的语境知识，参照词典释义重新构建词汇信息，有效而准确地推导和解读其语用含义以及整个语篇的意义，把握和理解说话者或作者传递的信息和意图，从而构建新的认知语境和图式。同时引导学生重视语用知识，特别是背景知识的积累和丰富，并使其系统化、内在化，储存于长时记忆中，提高语言理解能力。

教学篇

第九章

词汇教学

　　词汇教学是语言教学的重要组成部分。英国语言学家 Wilkins[①] 曾说:"没有语法,人们不能表达很多东西,而没有词汇,人们则无法表达任何东西。"语言由语法化的词汇组成,而不是由词汇化的语法组成。[②] 一直以来,外语教学强调语法知识的传授,而词汇教学未受到应有的重视。Widdowson[③] 提出,在语言环境丰富的情况下,词汇和语法的交际功能相比词汇是主要的,语法是次要的。要提高学生语言运用能力,无论是听、读接受性技能还是说、写产出性技能,足够的词汇量都是基本的保证。本章在二语词汇习得和教学研究成果基础上,运用认知语言学、功能语言学、语用学理论,针对学生的特点、需求和目标,结合学生的经验、已有知识和认知能力,构建多维的词汇教学模式。

[①] Wilkins, D. A., *Linguistics in Language Teaching*, Arnold, 1972, p. 111.
[②] Lewis, M., *The Lexical Approach*, Hove, England: Language Teaching Publications, 1993.
[③] Widdowson, H., "The Changing Role and Nature of ELT", *ELT Journal*, 1992, p. 4.

第一节 词汇教学的多维性

词汇教学中，教师需要考虑这样的问题：学生应该掌握多少词汇？哪些词汇必须掌握？学生应该具备怎样的词汇知识？第一、二个问题涉及词汇量和词汇的宽度，第三个问题涉及词汇的深度。词汇知识的宽度和深度构成多维的、多层面的词汇知识框架，是词汇教学的理论依据。

一、词汇知识框架

语言学家在对词汇知识进行研究时，从学习者语言使用的角度定义了什么叫"懂得一个词"。词汇知识被看成是由不同的成分组成的多维体系。学习者包括本族语者的词汇知识是不断扩大的，而语法知识则相对稳定。Richards[①] 提出，懂得一个词意味着了解该词形式、各种不同的词义、与其他词之间的语义联结网络、有关的句法行为、使用场合的限制以及搭配的词语。有关词汇和词汇习得的研究表明：

1. 某一语言的本族语使用者在成年后仍继续扩大其词汇量，但成年后句法方面的发展却很小。因此，词汇学习是一个连续不断的过程。

2. 认识一个词意味着知道在口语在书面语中碰到该词的概率。

3. 认识一个词意味着知道功能和情景的变化对该词的各种限制，如时间变化、地位变化、社会角色、语域等对词语的选择有一定的限制。

4. 认识一个词意味着知道该词的句法特征。

---

① Richards, J. C., "The Role of Vocabulary Teaching," *TESOL Quarterly* 1, 1976, pp. 77–89.

5. 知道一个词隐含着知道该词的根词形式和派生形式。

6. 知道一个词意味着知道该词与其他词之间的关系网络。

7. 知道一个词意味着知道该词的语义评价意义。

8. 知道一个词意味着知道该词的其他不同意义。

Nation[①]在对词汇知识进行研究时，从学习者语言使用的角度定义了什么叫"懂得一个词"。

他认为学习者要全面掌握一个词必须了解目标词的形式、所处位置、语用功能和意义四个层面，其中主要包括口语形式、书面形式、句法特征、搭配、使用频率、恰当性、概念意义、词间联想八个类型，每个词汇知识类型又分接受性和产出性两种能力。这些词汇知识是以词为中心进行界定，并不是对人们所掌握词汇知识的实际描述。词汇知识的宽度和深度是衡量学习者词汇能力的两个维度。我们结合前人的研究成果构建一个词汇知识框架，如图7。

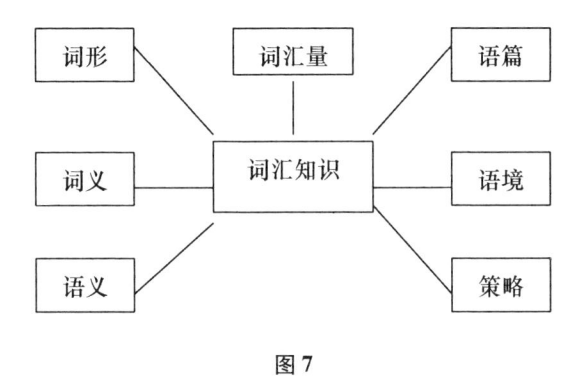

图7

---

① Nation, P., *Teaching and Learning Vocabulary*, New York: Newbury House, 1990, pp. 30–33.

二、基本词汇教学

英语词汇数量巨大，英语学习者要掌握所有的词汇是不可能的。掌握好基本词汇是学好英语的前提。据语言研究者发现，学会英语最常用的 1000 个词，就能理解任何一篇规范文字的 80.5% 的内容；学会常用的 2000 个词，就能理解 89% 左右的内容；学会常用的 3000 个词，就能理解 93% 左右的内容；学会常用的 4000 个词，就能理解 95% 的内容，而学会 5000 个词就能掌握 97% 左右的内容。

在词汇教学中，重视对基本词汇多义和词组搭配的学习有利于词汇的习得。英语词汇中的基本词汇数量在 3000 至 5000 个，其中 2000 个词语是核心词汇（core vocabulary）。原型范畴理论认为基本词汇是人类对事物进行分类的最基本心理等级，也是最典型的原型范畴。基本词汇使用频率高，英语词典通常用 2000 个常用词来定义和解释其他的单词，在日常交际中使用频繁，具有更多的引申意义且词义灵活。词汇教学必须遵守循序渐进的原则，尤其在基础教学阶段，无论是教师还是教材的编写者应重视词汇及其用法的引入和选择。哪些词汇应最先学会和掌握，这涉及词汇的使用频率（word frequency）。Michael West[①] 根据书面文本中词义的频率统计，制定了英语最常用词汇表，其统计标准是：覆盖率；对定义和构词的价值；风格中性化的程度；可用度（首先出现在头脑中的）；学习的难易度。这些标准与认知语言学所描述的基本层次范畴相对应。如覆盖率与使用频率相关，可用度是基本层次范畴的主要心理标准，学习的难易度与儿童首先习得基本层次范畴的词语相关。由此可见，范畴化的基本层次可以指导教师选择合适的词汇及其意义进

---

① 转引自赵艳芳：《认知语言学概论》，上海外语教育出版社 2001 年第 1 版，第 192 页。

行教学。

Nation① 运用统计学的方法，参照英语为母语的学习者的词汇量以及词汇出现的频率来确定二语学习者所需要的词汇及其数量。他以母语学习者使用的课文词汇分析为基础，把词汇划分为高频词汇、低频词汇和专业词汇，以此来判断词语的实际有用的程度。掌握大约2000个高频词汇是英语学习者运用语言的基础。

Finding an Ammonite by Graeme Stevens

Two hundred and fifty millions years ago, during the age of the <u>dinosaurs</u>, much of what is land today was covered by warm, shallow seas. Most of New Zealand was then under water.

Among the creatures which lived in the seas were <u>ammonites</u>. They had heads and <u>tentacles</u>, like their modern <u>squid</u> and <u>octopus</u> relatives, but were attached to <u>coiled</u> shells. Some were small, some were two metres or more wide. Their food was small fish, <u>shrimps</u> and <u>crayfish</u>, but they too were <u>preyed</u> upon by the giant <u>sharks</u> and sea <u>lizards</u> which lived then. One <u>ammonite</u> shell has been found which has <u>puncture</u> marks from sixteen bites. A <u>mosasaur</u> —a kind of sea-<u>lizard</u> —had tried to get at the animal inside.

Where the sea has gone back from the land, people find <u>fossils</u> of the shells and bones of the prehistoric sea creature. There have been <u>fossils</u> or <u>ammonites</u> found in New Zealand, although they have been less common here than in North America and Europe. This is probably because the seas that <u>lapped</u> on to New Zealand in those times were cooler than those of North A-

---

① Nation, P., *Teaching and Learning Vocabulary*, New York: Newbury House, 1990, p. 13.

merica and Europe. Until fairly recently, the total number of ammonites found in New Zealand would hardly be enough to fill a large cabin trunk— even though geologists and rock hounds have looked quite thoroughly for them. Most ammonites found here have been quite small. A size close to that of a softball (seven to ten centimeters) is most common.

在这段文章中，87%的词是属于高频词（未画线部分），这些词汇常出现在不同主题的阅读和听力材料中，其余的词（画线部分）可分为两部分，一部分是技术性词汇或专业词汇。如 ammonite, fossil, squid, dinosaur, 这些词汇与文章的主题相关，只会在特定的语篇中出现，在与此主题无关的其他语篇中几乎是不会出现的。另一部分是低频词，如 lap, cabin, hounds, 这类词可用高频词汇解释或替代。

根据《高职高专教育英语课程教学基本要求》中 A 级词汇要求，高职学生应能熟练掌握 3400 个常用单词以及由这些词构成的常用词组，其中包括 1600 个中学所学词汇。一味地扩大词汇量并不能有效提高语言的应用能力。学生对 come, get, keep, make, put, turn, take 这些常见的单词非常熟悉，却未能准确掌握与它们有关的短语意义，而且容易混淆，也不能在交际活动中自如运用，如 get across, get in, get on, get through, put aside, put forward, put up with, take in, take after 等。这些动词本身用法也非常灵活，常常被学生忽略。例如：

Will my overcoat go in your bag? （被容得下）

I wish I could bring you to see my point. （促使）

On what pages does that come? （出现）

Let's break the 50 – dollar note. （兑开）

三、词形维度

词形维度着重于揭示词汇构成规律和象似性理据，让学生理性地扩大词汇量，同时有助于学生根据构词知识猜测词义。英语词汇尽管数量庞大，但词根和词缀的数量有限，而词根、前缀和后缀被称为"扩大词汇的三把钥匙"。词根可以分为自由和粘着词根。自由词根相当于一个词，可以独立存在，并相互组合成复合词或加词缀构成派生词，如 friend 的派生词有 friendly，friendship。粘着词根不能独立存在，而且数量较多。高职英语词汇中最常见构词法有派生法、复合法和转类法。

（一）派生法

让学生熟悉和掌握常见的前缀和后缀。根据前缀的意义进行分类。

1. 否定前缀：dis－，in－（im－，ir－，il－），non－，un－，mis－

例词：unnecessary，disadvantage，misunderstand，nonsense，inevitable，impolite，irregular，illegal

2. 态度前缀：anti－

例词：anti－war，anti－drug，anti－nuclear

3. 程度前缀：mini－，out－，over－，super－

例词：supermarket，outstanding，overweight，minibus

4. 时间前缀：pre－，re－

例词：predict，remind

5. 数量前缀：semi－，mono－，bi－，multi－，centi－

例词：centigrade，monologue，bilingual，multimedia

6. 方位前缀：fore－，inter－，tele－，trans－

例词：transport，international，telescope，forecast

根据派生词的词性将后缀进行分类。

1. 名词后缀：－ance（－ence），－ment，－th，－tion（－sion），－ness，－ity

例词：ability，accommodation，achievement，insurance，admission，confidence

2. 动词后缀：-fy，-ate，-en，-ize（-ise）

例词：clarify，summarize，strengthen，participate

3. 形容词后缀：-able，-y，-ish，-ous，-ful，-less，-al，-ed

例词：reasonable，additional，various，cheerful，cloudy，complicated

（二）复合法

在复合词中，有些词的意义可以猜出，如 earthquake，horsepower，freshman，handwriting，website，airline，airport，但对像 walkman（随身听），greenhouse（温室），housewarming（乔迁宴）这些复合词不能望文生义，应给予关注。

（三）转类法

在名－动转换过程中，有拼写的变化，如 advise（v.）－advice（n.）；有发音的变化，in`crease（v.）－`increase（n.），im`port（v.）－`import（n.）；有用法的变化，如 contact，用作名词时，后接介词，用作动词时，直接跟宾语：

* Please contact with me by telephone.

He keeps contact with me.

四、词义维度

词义与概念之间的关系十分密切。概念是词义的基础，而词义是概念在语言中的表现形式。词义并不是直接对应客观世界的事物和现象，认知语言学主张词义的百科知识观。例如，当人们描述 car 一词时，不只会说汽车是一种交通工具，有轮子、门窗、由引擎驱动，装有方向盘、加速器和刹车，还会提到汽车舒适、快捷、方便，给人灵活性和独立性，甚至社会地位，这些意义是人们经验的组成部分。

（一）词义类型

Leech① 从词义和人类交际关系的角度将词义分为七种类型：概念意义、内涵意义、文体意义、感情意义、反映意义、搭配意义和主题意义，其中内涵、文体、感情、反映和搭配意义统称为联想意义。

1. 概念意义。概念意义也称为外延意义，是对客观事物的概括。这种意义被收录在词典中作为词语的定义，是语言交际中所表达的最基本的意义，也是词义体系中的核心意义。

2. 内涵意义。一个词的内涵意义往往因人而异。例如 home 的概念意义是"家"，对大多数人来说，"家"被附上"温暖、幸福、舒适"等内涵意义，但对有些人来说则带有"冰冷、烦恼、伤心"的内涵意义。这些意义反映了人与客观世界互动所获得的经验。词的内涵意义还具有文化上的差异，这类词也称为国俗语义词，具有特定的民族文化色彩，与本国的历史文化和风俗民情有关。② 这些词语的含义只有在民族文化背景下才能得到准确理解。例如，英语中"magpie"与汉语的"喜鹊"同指一种鸟，但它们的国俗语义不同。"magpie"与唠叨、饶舌等相联系，而"喜鹊"具有欢乐、好运、吉利、喜事等意义。

3. 文体意义。有些词可用于各种场合，属于一般用语，是词汇中的核心词汇，而有些词只在特定的场合使用以适应交际的需要，具有特定的文体意义。文体意义可分为正式和非正式两类。具有正式文体意义的词包括书面语和专业术语，用于正式报告、商业信函、法规条文和学

---

① Leech, G., *Semantics*, London: Pengiun Books, 1974.
② 王德春：《多角度研究语言》，清华大学出版社 2002 年第 1 版，第 215 页。

科领域。非正式文体意义的词语包括口语词、俚语、方言等。例如：

begin（一般用语）—commence（正式词语）

home（一般用语）—residence（正式词语）—pad（非正式用语）

horse（一般用语）—steed（正式词语）—nag（非正式词语）

courage（一般用语）—valour（正式用语）— pluck（非正式用语）

4. 感情意义。词语可以用来表达说话者的喜爱或憎恨的情感以及赞同肯定或反对否定的态度，因而有褒义词和贬义词之分。一些同义词所指事物是一样的，但反映了人们对同一事物的不同态度，如 famous（褒义）—notorious（贬义），resolute（褒义）—obstinate（贬义），gathering（褒义）—mob（贬义）。

5. 反映意义。有些词语会让人联想到其他的事物。语言使用中的委婉语和禁忌语与词语的反映意义有关。如语言表达中用 pass away，go to Heaven，不用 die；用 senior，elderly，而不用 old。原因在于后者会引起不好的联想。

6. 搭配意义。有些词在与不同的词语搭配时表达不同的意义。例如 smooth skin（光滑的皮肤），smooth paste（均匀的面糊），smooth landing（平稳降落），smooth man（圆滑的人），smooth taste（香醇的味道），smooth melody（悦耳的曲调）。

7. 主题意义。人们在用语言组织信息的过程中，可以通过调整语序、变换句子焦点或实施强调等方式，使句子的重心得以适当的突出，从而传递出交际者的意图和目的。因此，命题相同的句子由于句中的词语的顺序不同，其表达的主题意义也有所不同，例如主动句和被动句所传递的信息不同。这是从句法层面分析词义。

在这七种意义中，概念意义是基础，具有相对的稳定性。联想意义则具有开放性和不确定性，与个人经验和民族心理相关。Leech 对词义的分析主要是在词的层面上展开，以社会语言学和功能语言学为理论基础，把词语的意义放在语言所使用的社会环境中进行考察。而且，随着语境的变化，词语会产生新的不同的意义。因此，词义的分类让我们看到词义的复杂性、丰富性、多样性和动态性。

（二）词义教学

词义由不同类型组成，这些类型在教学中都会涉及，但应根据学生的实际水平和需求有所侧重。我们认为应将多义词和文化内涵词纳入教学的主要内容。

1. 多义词教学

在教学中，重视讲解词语多义之间的关系，具体义项和抽象义项之间的联系，使学生了解词义的拓展规律及其演变认知机制，从而促进词义的理解和推测。隐喻和转喻是语义拓展的认知机制。例如名词 ruin 的义项有：（1）毁坏；（2）断送前程；（3）破坏的残余物，废墟；（4）毁灭，破产的原因；（5）破坏坍塌的状态。义项（1）为原型意义，（2）是隐喻义，（3）至（5）中词义是转喻义，分别表示动作造成的结果、原因和状态。Lazar[①]认为"辨认和使用单词的隐喻性延伸义的能力是英语学习者扩大词汇量的重要技巧"。由于隐喻在词汇理解和认知中的重要性，王寅[②]提出外语教学中除培养学生的能力、交际能力，还应培养学生的隐喻能力，即"三合一"教学观。他认为隐喻能力主要包括人们能够识别、理解和创造跨概念域类比联系的能力，不仅包括能被动地理解、学得隐喻，而且还包括创造性使用隐喻的能力，更高目标

---

① Lazar, G., "Using Figurative Language to Expand Students Vocabulary", *ELT Journal* 50/1, 1996, pp. 43 – 51.

② 王寅：《语言能力、交际能力、隐喻能力三合一教学观》，《四川外语学院学报》2004年第6期，第140 – 143页。

还可包括丰富的想象力和活跃的创新思维能力。Littlemore[①]提出隐喻能力的四个方面：第一，使用隐喻的创造性，即原创新隐喻的能力；第二，理解隐喻的熟练度，指理解一个隐喻多层含义的能力；第三，理解新隐喻的能力，指正确理解原创性隐喻的能力；第四，理解隐喻的速度，指轻松、准确、及时理解隐喻的能力。由此可见，培养隐喻能力是丰富学生想象力和增强创造性思维能力的有效途径。

首先，掌握和使用常规隐喻。虽然日常语言中充满了隐喻，但学生在使用一些表达式时，并未意识到其隐喻用法。例如：

You are wasting my time.

This gadget will save your time.

I don't have enough time to spare for that.

How do you spend your time these days?

That flat tire cost me an hour?

Do you have much time left ?

You don't use your time profitably.

waste, save, spend, have, spare, cost, leave, use 等词汇体现了隐喻 "Time is money"。但还应注意一些不常用的表达式，如：

We are running out of time.

You need to budget your time.

Put aside some time for sports.

其次，学会欣赏文学作品中的隐喻。例如：

Some books are to be tasted, others to be swallowed, and some few to be chewed and digested.（Bacon "Of Studies"）

---

① 转引自姜亚军：《国外隐喻与第二语言习得研究述评》，《国外外语教学》2003年第2期，第1-7页。

培根运用隐喻 Books are food，将描述食物的词语 taste, swallow, chew, digest 用来描述书本。

2. 文化内涵词教学

语言与文化密不可分，语言是文化的载体和表现形式。一个民族的文化在其所使用语言的各个层面上都有所反映。词汇层面的文化内涵最为丰富，反映了英美社会生活的各个方面，如地理历史、宗教文学、风俗习惯等。词语的文化内涵通过概念意义和联想意义来表达。顾嘉祖①指出，在教学实践中，语言与文化应融合为一体。首先，文化不应当仅仅被视为"知识"或"行为"，还应当被视为"意义"。语言文化教学是对"意义"的动态理解过程。其次，虽然在教学方式上可以将语言与文化两者"分而治之"，但不应将两者割裂开来，而应时刻注意语言与文化之间内在的联系。其三，充分发挥交际教学法的优势，以交际为契合点，将语言形式与文化内容有机地结合起来。最后，在教学实践中，要重视教学的过程，努力做到语言教学的过程同时也就是文化教学的过程。因此，我们应将这种语言文化融合观贯穿在整个教学过程中。对文化内涵词的理解和掌握一方面了解英美国家的文化，另一方面在阅读中加深对语篇的理解，并在交际中恰当地使用英语。例如，在会话教学中出现这样的表达法"I do feel like a fish out of water"，教师可以联系英国文化进行讲解。英国四面环海，英国人早期的生活很大程度依赖于海。在英语中有很多与"鱼"有关的习语，如 queer fish（怪人），shy fish（害羞的人），poor fish（可怜虫），drink like a fish（很会喝酒）。在词汇教学中还应关注英汉两种语言的文化差异。再以习语为例，由于文化和认知上存在差异，两种语言中意义绝对等值的情况很少。

---

① 顾嘉祖：《语言与文化》，上海外语教育出版社 2002 年第 1 版，第 156 页。

(1) 意义相同

　　pour oil on the flame 火上浇油

　　rack one's brain 绞尽脑汁

　　fish in troubled water 浑水摸鱼

　　strike while the iron is hot 趁热打铁

(2) 意义上基本对等

　　kill two birds with onestone 一箭双雕

　　burn one's boat 破釜沉舟

　　like a drowned rat 像落汤鸡

　　as timid as a rabbit 胆小如鼠

　　go through fire and water 赴汤蹈火

(3) 意义不同

　　eat one's word 承认说错（不是"食言"）

　　pull someone's leg 戏弄某人（不是"拉某人后腿"）

五、语义维度

语义关系维度是指词汇的聚合和组合关系，包括上下义词、同义词、反义词及其相关的搭配，其中同义词之间的细微差别和词汇的灵活搭配尤其让学生感到困惑。

（一）同义词区别

英语中的同义词非常丰富，大多为相对同义词，即基本意义相同或相似的词。学生在开始学英语时就会碰到同义词，如 hear 和 listen，look，see 和 watch。如果不准确理解和掌握这些词的意义和用法，就会造成运用表达上的不恰当或错误。相对同义词的价值不在于它们共同的基本意义，而在于那些细微的意义和用法上的差别。我们可以从语法、搭配和意义三个方面辨析同义词。

1. 语法方面。例如，live 和 inhabit 都表示居住，live 为不及物动词，只能用 live in a place，inhabit 是及物动词，可以用 inhabit a place。content 和 contented 都表示满足的，content 只能作表语，contented 可作表语和定语。

2. 搭配方面。例如 insist 和 persist 表示坚持时，分别与介词 on 和 in 搭配；agree 和 approve，表示同意、赞同，分别与 with 和 of 连用；downright 和 thorough 都表示彻底、完全，前者常接负面的事物，如 lie，hatred，后者常接 cleaning，examination 等词。

3. 意义方面。有的是概念意义不同，如 argue 和 debate，argue 表示用证据支持自己的观点和看法，debate 表示正式的、公开的争论；intrude 和 invade，intrude 指侵犯别人的隐私，invade 用武力侵入别人领土。还有语义轻重之分，如 anger 和 indignation，anger 表示生气，indignation 表示愤怒；respect 和 reverence，respect 表示尊重，reverence 表示崇敬。

有的是文体意义不同，如 partake 和 eat，都表示吃，partake 为正式用语，eat 为一般用语；conflagration 和 fire，conflagration 为正式用语，fire 为一般用语。

有的是感情意义不同，如 plump 和 obese 表示身体过重时，plump 为褒义，obese 表示为贬义。

语法、搭配和意义的区别只是侧重点不同。在实际教学中，我们往往将三者结合来辨析同义词，尤其以概念意义的区分为主，这样更全面、准确地把握同义词的用法。

（二）词汇搭配

从广义上理解，词汇的搭配主要是指词与词之间的横组合关系，分为自由组合、有限组合和固定组合。这种区分不是截然分开，而是体现一种连续体，三者之间有一些是相互重合的。其中有限组合是通常所指的搭配，固定组合就是习语。教师通常较关注与介词有关的搭配，如动词+介词，形容词+介词，介词+名词，而忽略动名搭配。如 make 与名词的搭配：make a mistake, make an apology, make an arrangement, make a criticism, make a plan, make payment, make a decision, make an analysis, make progress，这里 make 不能用 do 替换。学生在动名搭配上往往会出现不恰当或不自然的表达式。例如 cause 在本族语中具有强烈的消极语义，与其搭配的名词均有一个共同的特点，指生活中"令人不快"或"不合意"的事情，因而 cause trouble/difficulties/suffering, cause disease/cancer/death, cause accident/injury/harm, cause anxiety/concern/stress 等都是典型搭配。学生英语中的 cause changes, cause phenomena, cause things, cause questions 不是典型搭配，cause development, cause progress, cause improvement, cause great changes 则属于异常搭配，不符合搭配常规，是语用错误。

六、语篇维度

语篇是一系列连续的话段或句子构成的语言整体，可以是一个词，也可以是一部长篇小说。句子或句子组合并不都构成语篇，因为语篇是一个语义完整的单位，是语言实际交际过程中的产物。无论以何种形式出现，语篇都应该合乎语法，并且语义连贯包括与外界在语义上和语用上的连贯，也包括语篇内部的连贯。衔接和连贯是语篇具有语篇特征的重要标准。语篇的连贯可以通过词汇衔接来实现。词汇衔接关系分为两类：复现关系和同现关系。

（一）词汇的复现关系：复现指的是某一词以原词、同义词或近义词、上下义词、概括词或其他形式重复出现在语篇中，语篇中的句子通过这种复现达到相互衔接。

1. 原词复现

The goals of Haier are to establish a globally recognized Chinese market brand and bring honor to the Chinese nation. These goals combine the growth of Haier Corporation with employees'personal commitment to value and excellence. Each member of the company realizes the importance of their personal contribution towards achieving the goal of establishing the Haire global brand standard.

每句话中都重复使用 goal 一词，构成了原词复现关系。

2. 上下义词复现

While traveling around with a busy sightseeing schedule, tourists may suffer different kinds of illness. They may get too tired or have heatstroke if the weather is too hot. They may get hurt in certain activities such as bungee jumping and mountain climbing. Some tourists may have skin problems caused by certain kinds of plants, insects or from eating seafood. Other tourists may have stomach trouble if they are not acclimatized to local water and food. Such sickness in the form of airsickness, carsickness or seasickness is also a trouble for some travelers.

第一句中的 illness 为上义词，与后面句中的下义词 heatstroke，skin problems，stomach trouble，airsickness，carsickness，seasickness 构成词汇复现关系，如图 8。

（二）词汇的同现关系：同现指的是词汇共同出现的倾向性。在语篇中，围绕着一定的话题，一定的词往往会同时出现，而其他一些词不大可能会出现或根本不出现。例如：

```
                    different kinds of illness
         ／    ／     ／    ＼    ＼    ＼
   heatstroke  skin problems  stomach trouble  airsickness  carsickness  seasickness
```

图 8

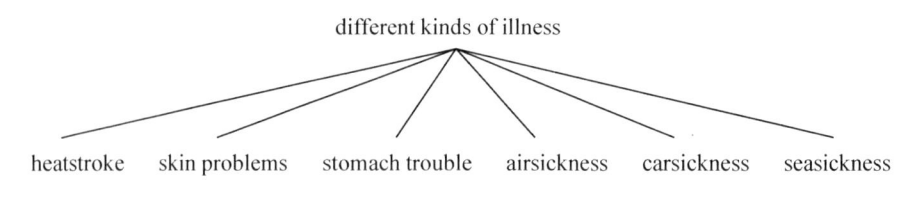

1. A <u>language</u> belongs to a group of people and a <u>word</u> or <u>saying</u> <u>means</u> what the <u>speech community</u> has made it mean. So the <u>language is</u> based on agreements, and the agreements are in many cases different between <u>American Standard English</u> and <u>standard British English</u>. <u>American English</u> has a strong influence all over the world. We Finns study SBE at school but at the time we pick up <u>American words</u> from TV. Sometimes the <u>British words</u> and <u>phrases</u> can stay so unfamiliar that they cause funny coincidences like these from my own life.

例子中的画线部分词汇的出现表明这段语篇是有关"语言"的话题。

意义上相互联系的词语常常出现在同一语篇中，这些词语属于同一个词汇套，形成了词汇链（lexical chain），因而，当人们遇到其中一个词语时，就会联想到词汇链中的另一些词。当一个词汇链的词语出现在一个语篇中时，这些词语就起衔接作用。例如：

2. Some <u>meals</u> may include <u>appetizers</u>, <u>soup</u> or <u>salad</u> before the main course. A typical main course includes <u>meat</u> or <u>fish</u>, <u>potato</u> or <u>rice</u>, or one or two <u>vegetables</u>. <u>Dessert</u> is usually <u>served</u> with <u>coffee</u> or <u>tea</u> at the end of <u>meal</u>. Sometimes a <u>dinner</u> is served as a <u>buffet</u>; people then serve themselves from a table that is set with a variety of foods.

这个例子中出现的词汇链是：meal—appetizer—soup—salad—

course—meat—fish—potato—rice—vegetable—dessert—serve—coffee—tea—dinner—buffet。

词汇链的出现不仅起着连句成篇的作用，而且会在大脑中形成有关"eating"的框架或图式，有助于对语篇主题的理解和判断。

七、语境维度

语境是语用学中的基本概念。不同研究者从不同的角度解释语境的构成因素。何兆熊[①]将语境分为语言知识和语言外知识。语言知识主要是指上下文，语言外知识包括背景知识、情景知识和相互知识。因而语境可分为语言语境、情景语境和文化语境。词汇的理解、选择和使用受到语境因素的制约。

（一）语言语境

词的意义并非一成不变，而是随语境而变化。教师应引导学生寻找语境线索猜测词义并在语境中习得词汇知识。语言语境线索包括定义、举例、同义词、反义词等。例如：

1. 定义：In many instances it is the inviter who pays, as one would expect, but in some instances each one pays his or her own check: You "go Dutch"。根据上文提供的线索，划线短语的意义是"各付各的账"。

2. 同义词：I found the experience very entertaining, chatting with three strangers at the same time about nothing at all. I thought it was a very relaxing way to spend an evening. 根据后面一句中的 relaxing，可以推断出 entertaining 的意义。

---

① 何兆熊：《新编语用学概论》，上海外语教育出版社2000年第1版，第21页。

（二）情景语境

情景语境涉及交际的场合、主题、参与者之间的关系等。

A：Now you've quoted a CIF Shanghai price for my <u>order</u>. What kind of <u>policy</u> are you going to <u>take out</u> ?

B：Well, obviously you won't want the all <u>risks</u> <u>cover</u>.

A：Why not?

B：Because the usual <u>coverage</u> for your order is FPA.

以上两人是在谈论关"保险"的话题，在这个情景中，一些词汇表示的是与交际情景有关的意义，例如 order（订单），policy（保单），take out（办理保险手续），all risk（全险），cover（投保），coverage（保险范围）。

（三）文化语境

A：May I take your order, Miss?

B：I want the steak dinner.

(Some time later.)

B：Waiter, I ordered my steak <u>rare</u> or <u>medium</u>, but you brought me one <u>well－done</u>. Will you take it back, please, and bring me another one?

A：No problem. I'm very sorry.

这段简短的对话中，rare（半熟的），medium（不老不嫩的），well－done（煮烂的）与美国的饮食文化有关，没有这方面的知识则难以听懂或理解这些词的意义。

语言是社会符号，只有在一定的语境中才有意义。因而词汇教学中，教师应将词汇置于一定的语境中，培养学生的语境意识和语境敏感性。首先，改变以往脱离语境，即根据词汇表进行教学的方式，在语篇语境或交际情景中引入词汇，让学生感知词汇的意义和搭配。其次，激活和联系学生已有的词汇知识，如构词形式、词义、语义关系或是搭配，将新词与已有的词汇联系起来，形成有意义的词汇网络。最后是在交际情景中通过口头和书面形式使用和巩固词汇。

八、策略维度

帮助学生寻找适合自己的词汇学习策略，运用元认知策略有意识地计划、调控词汇学习的内容、方法以及行为，使用记忆策略学习、巩固和运用词汇。词汇学习策略的掌握和运用是学生词汇能力发展的关键因素。学生应制定出具体的词汇学习计划，包括词汇的选择、时间的安排、采用的策略、遇到困难时如何克服等。有了明确的目标和计划，学生就会按照所定计划朝着既定目标积极、主动的发展。加强师生间的交流和学生间的合作，帮助学生正确评价自己策略的选择和学习效果，发现问题，缓解焦虑。记忆策略可帮助学习词汇，通常采用的技巧是：创造心理连接（通过联想扩展词汇和把新词用于语境之中）；运用意象（联系个人经验）；建构知识的结构框架，增强复习的效果；采用适当的行为（如利用身体的各种反应和不同感觉）增加记忆效果。教师应根据学生的记忆特点，及时调整他们的记忆策略，使他们充分利用自己的经验和知识提高词汇学习的效率。

第二节　词汇教学模式

现代学习方式具有主动性、独立性、独特性、体验性和问题性等基本特征，是以弘扬人的主体性为宗旨，以促进人的可持续发展为目的，由许多具体方式构成的多维度，具有不同层次结构的开放系统。强调学习方式的改变，不仅体现对学生的尊重，而且实现了教育的价值。教师把体验、合作、自主性思想渗透于英语教学中，结合学生的特点，如知识面、语言能力、生活经历等，开展形式多样的学习活动，满足每个学生的需求和爱好，帮助他们管理自己的学习，剖析自我的学习特征，选择合适的方法策略，提高词汇学习以及整个语言学习质量。本节着重探讨词汇教学的原则和构建教学模式，并以《新编实用英语综合教程》（以下简称《教程》）为实例进行分析。

一、词汇教学的原则

（一）递进原则

了解学生现有的知识和能力，确定相应的词汇教学目标和方法，坚持"以应用为目的，实用为主，够用为度"的理念，打好语言基础，掌握基本词汇的意义和搭配用法，在此基础上逐步扩展专业词汇。突出语言应用能力的培养，真正做到"学一点，会一点，用一点"，并通过词汇学习策略训练使他们逐渐获得自主学习的能力。

（二）应用原则

语言是社会交往需要和实践的产物。语言在交际中才有生命，人们在使用语言过程中才真正学会使用语言。[1] 也就是说，运用是语言学习的归宿，又是语言学习成功的保证。语言知识是语言运用的基础，但知识并不等于能力，"知道"并不意味着"会用"。学生不能只满足于词汇知识的积累，而应该利用各种机会运用所学词汇，在实践中促进知识转化为实际的运用能力。

---

[1] 束定芳，庄智象：《现代外语教学：理论、实践与方法》，上海外语教育出版社2002年第1版，第22页。

（三）认知原则

学生个体差异是客观存在的，他们的语言潜能、学习动力、认知风格、态度情感、兴趣爱好、原有知识水平可能会参差不齐。忽视学生的个体差异而采用统一的教法、进度，并对学生语言能力做同样的要求，无疑将挫伤他们学习的积极性、主动性，从而导致外语学习的低效率。我们应给予学生更多的自主，提供必要的指导，使他们更清楚地了解自己的认知特点，发挥认知优势并弥补认知不足带来的英语学习劣势。

（四）情感原则

在语言教学中，情感是指学习者在学习过程中的感情、感觉、情绪、态度等。学习者的情感状态直接影响他们的学习行为和学习效果。积极的情感能创造有利于学习的心理状态，而消极的情感会影响学习潜力的正常发挥。因此关注情感是词汇教学不可缺少的一个方面。要激发学生学习英语的热情，教师应重视学生情感的释放和情绪的表达，以真诚理解的态度对待学生，以合作者的身份平等地与学生进行思想交流。这样，才能减少他们的焦虑感，增强他们的自尊心、自信心和学习动机，他们自然而然地会主动学习。

二、体验式词汇教学

目前以教师为中心的教学模式在英语教学中仍占主导地位，这必然形成"课堂教学主体单一化、教学结构模式化、教学目标和教学组织形式单一化、教学方式静态化和教学与生活割裂的局面"。[①] 词汇教学中，教师往往是遵循单词—课文讲解—练习单一的模式，学生被动地接受词汇知识，课堂气氛沉闷，这样学生并不能有效地掌握词汇，也就无

---

① 董明：《大学英语课堂"生生互动"模式初探》，《外语与外语教学》2004年第5期，第30-33页。

法恰当自如地运用所学词汇。面对这些问题，教师应更新教学理念，根据学生的实际情况和实际需要探索和尝试更加有效的教学模式，调整教学方法，提高学生的语言运用能力。根据大学英语教学改革的要求，英语教学旨在提高学生的英语综合运用能力，同时增强自主学习能力，强调课程从学生的学习兴趣、生活经验和认知水平出发，倡导体验、实践、参与、合作和交流的学习方式和任务型的教学途径。体验式学习和教学理念在此背景下已受到广泛重视和应用。

（一）理论基础

体验式教学以建构主义学习理论和人本主义学习理论为基础。源于认知理论的建构主义，不仅形成了全新的学习理论，也逐步形成了全新的教学理论。建构主义强调以学生为中心，学生对外部信息不是被动地接受，而是信息加工的主体，知识意义的主动建构者；主张学习应在真实的情境中发生，学习的内容要选择真实性任务；教学过程与现实问题解决过程相类似，目的使学习者在一个真实的问题情境中产生学习的需要，并通过学习共同体中成员之间的互动、交流和合作学习，凭借学习者的主动学习、生成学习以及到现实世界的真实环境中获取直接经验来学习。因此，学习者要完成对所学知识的意义建构，即达到对该知识所反映事物的性质、规律以及该事物与其他事物之间联系的深刻理解，最好的方式是让学习者到现实世界的真实环境中去感受、去体验。建构主义学习环境包含情境、协作、会话和意义建构四大要素。

人本主义学习理论将学习分为无意义学习和意义学习两类。人本主义认为无意义学习只涉及心智，不涉及感情及个人意义，是累积知识的学习；而意义学习是一种使个人的行为、态度、个性以及对未来选择的行动方针起重大变化的学习，是一种与每个人的经验都融合在一起的学习。它不仅重视知识技能的学习，同时也重视培养全方位的人格；它强调全身心投入学习和自由学习;它还认为,学习者自身具有学习的潜能;当学习符合学习者的自身目的时才会有意义;大多数意义学习是从做中学的,即让学习者直接体验到面临实际问题、社会问题等;当学习者负责任地参与学习过程时,就会促进学习;涉及学习者整个人(包括情感与理智)的自我发起的学习才会最持久、最深刻。

认知语言学提出的"语言体验观"不仅为语言研究指出一个全新思路,也为体验式教学提供了坚实的理论基础。认知语言学的一条重要原则是:现实—认知—语言,即语言是人们基于对现实世界的互动体验和认知加工形成的。互动体验是指人类自身对客观外界的感知与认识,认知加工是指人们对互动感知所获得的知识进行深度加工。体验哲学认为,人类的范畴、概念、推理和心智是基于身体经验的,其最基本形式主要依赖于对身体部位、空间关系、力量运动等的感知而逐渐形成,归根结底,认知、意义是基于身体经验的。Malinowski 明确表述过这种观点:"所有词汇的所有意义最终来自身体经验。"[①] 体验哲学的基本原则之一就是心智的体验性,认为人类对外部世界种种现象的感知体验过程中才逐步形成思维和理性,抽象出认知模型,建立认知结构,获得意义。同时人类还具有创造力和想象力,可形成无限丰富的思想概念和语言表达。概念和意义基于感知体验,而感知体验又是基于人的身体构造(包括具有丰富想象力的大脑),因而人类能用特殊的、一贯的方法来感知客体、他人、空间以及其间的种种关系。在此基础上,人们通过隐喻等认知策略建构出其他概念(包括抽象概念),从而建构出概念系统,并通过词汇化形成了语言,因此语言具有体验性。[②]

[①] 转引自 Halliday, M. A. K. &R. Hasan, *Language, Context and Text*, Victoria Australia: Deakin University Press, 1985, p.7.

[②] 王寅:《语言的体验性》,《外语教学与研究》2005 年第 1 期,第 37-43 页。

(二) 模式应用

体验式教学是以学生为中心,以互动、合作为基础,让学生通过具体体验来发现语言使用规则并能够应用到实际交流中的教学方法。阐述体验式学习最为系统的模型是 Kolb 提出的体验学习模式,如图 9 所示。该模式包含有四个阶段:具体经历（concrete experience）、思维观察（observation and reflection）、抽象概念（forming abstract concepts）和主动实践（testing in new situation）。这四个阶段的具体任务如下。

具体经历阶段：学习者体验新的情景；

思维观察阶段：学习者对已经历的体验加以思考；

抽象概念阶段：学习者达到理解所观察的内容并转换为合乎逻辑的概念；

主动实践阶段：学习者验证形成的概念并运用到解决问题之中。

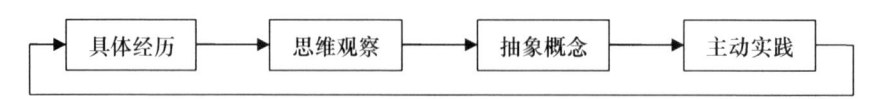

具体经历 → 思维观察 → 抽象概念 → 主动实践

图 9　Kolb 的体验学习模式示意图[①]

这四个阶段没有一个固定的开始,也没有任何固定的结束,而是一个持续不断、循环往复的过程,在此过程中认识不断发展。体验式学习的主要特点是：学习应该被理解为一个过程,而非结果；学习是一个基于体验的不断延续的过程；学习的过程即处理主体与客体、具体体验与抽象概念等矛盾统一体之间关系的过程；学习是一个全身心适应世界的过程；学习是一个学习者与环境互动的过程；学习是一个创造知识的过程。体验式学习是将体验、观察、认知与行为全部融入学习过程,重视

---

① Kolb, D. A., *Experiential Learning Experience as the Source of Learning and Development*, Englewood Cliffs, NJ: Prentice-Hall, 1984.

在体验活动中获得具体经验,并将其抽象成概念知识,运用概念知识经验来进行其他的体验活动。体验的过程也是认知的过程,即转换、分析、加工、储存、恢复和使用感觉输入的全部过程。因此我们提出情境体验、认知加工、巩固储存、实际运用四步词汇教学模式,体现词汇学习的体验性、过程性、互动性和学习者的主动性。

1. 情境体验

学生的英语学习主要是在课堂这种非真实的语言环境下进行,所以教师应尽量创设情境,使英语学习能在和现实情况基本一致或相类似的情境中发生。在情境中进行学习,可以使学习者能利用自己原有的认知结构中的有关经验去同化当前学习到的新知识,从而赋予新知识以意义;如果原有经验不能同化新知识,则要对原有认知结构进行改造与重组,以顺应环境。《教程》每个单元以话题为中心,分口语、听力、阅读和写作四个部分,以交际话题开始,逐步深入,通过各种任务培养学生的各项语言技能,构成一个完整的情境体验过程。有关话题的词汇在听说情境中激活,在阅读情境中加深,在写作情境中运用。这样有些词汇在听说读写材料中的反复出现,有利于学生在反复接触中习得这些词汇的意义和用法。话题涉及日常生活和职业情境,如学习、运动、上网、旅游、求职、产品介绍、保险、人员培训等。话题具有多样化和现实性特点,贴近学生的实际生活,而且学生也有表达这些话题内容的需求,这样教师借助这些话题呈现新单词,让学生在较真实的情境中进行体验学习,使学生有身临其境的感觉。教师不仅让学生体验新的情境,而且应激活学生已有的经验和词汇知识,将新知识纳入已有的知识结构中。如在"打电话"情境中,学生可学会 dial, charge, hang up, communicate, connect, direct calls, phone book, phone booth, area code, long distance call, pay phone 等词汇。而对于相对陌生的职业情境,教师也可以联系学生已有的经验或选择学生较为熟悉的实例。如在产品介绍中，让学生介绍自己的手机，包括商品名，价格、功能等。除教材可以提供情境体验外，教师还可利用多媒体技术，提供丰富的视频材料进行词汇教学。多媒体教学利用声音、图像形象生动地展示语言材料，更能丰富学生的视觉和听觉体验，更有利于对知识的意义建构。实验研究表明当学习者在视频材料中看到一些物体或情形，形成视觉意象，同时想表达这些内容的愿望会增加，此时学习相关的词，很快便会学会。[1]在课外学生应选择原版的或真实的文本或视频材料，如电影、小说等，这些材料真实地反映了本族语人的社会交往和文化习俗，这样能为外语学习提供真实的语境，能学到地道的表达法。

2. 认知加工

学生在情景中接触到词汇后，通过认知加工才能发现并获得较为全面的词汇知识，如读音、词义、词形、搭配、语义关系、语法信息等方面的知识，这样才能做到运用词汇的规范性。例如学习 invitation 一词时，通过一封请柬，学生学会其表达式 invitation card 和读音。然后让学生说出其相应的动词和派生词 invite, inviter, 注意发音上的区别。总结出现的各种有关的用法，如 decline an invitation, accept an invitation, make an invitation, invite people to join in daily activity, invite people to formal occasions。在课堂教学中，可以通过师生互动或生生互动的方式发现、了解和掌握词汇知识的规律性，如读音的规则，构词法、词义的变化、口语和书面语篇中大量的固定表达式等。教师应充分发挥学生的主动性和想象力，利用头脑风暴法、语境法、联想法等将词汇组织成有意义的概念网络，或运用认知语言学的隐喻、意象图式和象似性揭示词

---

[1] Hatch, E. &Cheryl Brown, *Vocabulary, Semantics and Language Education*, Cambridge: Cambridge University Press, 1995, pp. 373 – 376.

汇的理据性，从而有利于词汇的记忆。《教程》中对所有的词汇已标示出 A 级词汇、B 级词汇和超纲词汇，其中 A 级词汇为学习重点，无论是作为接受性词汇还是产出性词汇。所以教学中应重视对这些词汇的认知加工。

3. 巩固储存

《教程》中提供大量和形式多样的词汇练习，包括常用词汇和固定表达的填空、翻译和仿写，有利于词汇知识的巩固。词汇练习不能孤立进行，也需要语境的参与，即将词汇放在句子或语篇中。学生在学习外语之前，已获得相对成熟的概念语义系统以及与其连通的母语语言系统。在母语系统中，词与词之间的信息以概念网络的形式连接在一起，而不是象词汇表或词典那样罗列出来。因此建立一个类似的外语概念网络是词汇学习的目标。心理语言学的研究表明，双语词汇的储存方式与外语水平的高低有关。外语水平较低时，外语词汇和概念的连接要经过母语词汇的对等翻译。例如，当看到电脑时，大脑中首先想到汉语的词汇"电脑"，然后翻译成"computer"。而随着外语水平的提高，形象刺激首先激活外语词汇概念。即使是一些词汇翻译对等词在概念意义上也不是完全等同。二语得中提出中介语现象，即介于母语和目标语之间的语言系统。在外语学习过程中，激活外语系统会受到母语系统的影响，产生正负迁移。仿真情境中的语言体验和对词汇的深层次加工不仅促进词汇的记忆储存，而且可减少母语的负迁移影响。

4. 实际运用

学生通过对学习过程的体验来发现语言和语言使用的规则，并将这些规则运用于进一步的语言实践中，从而完成自己语言能力的螺旋式上升。词汇知识同样只有在大量有意义的交际实践中才能不断地内化或自动化。《教程》把词汇教学与听说读写技能的培养融合在一起，提供了丰富的口语和写作的实例。如口语部分有六至七段会话，篇幅短，有利于学生模仿与运用。在词汇教学中，教师应将所学内容与学生的生活、经验相联系，以小组讨论、话题讨论、角色扮演等形式，引导学生主动参与到语言学习和运用中。以合作式体验来达到运用词汇的目的。合作学习主张将教学内容活化为不同的任务，分配到各小组，组员之间分工协作，共享信息与资源、共同完成任务。二语习得理论认为，动机、自信及焦虑是影响二语习得成功的关键。合作学习状态下的相互影响、相互合作的环境，比个体的、相互竞争的环境更易于激发学生的学习动机。合作学习创造了良好的情感环境，促进组员之间的情感和经验交流，组员之间相互合作相互依赖有助于增强学习者的自信心和自尊心。词汇教学中开展的小组合作活动有词汇接龙，词汇描述，连词成句，连词成篇、词汇传递等。如在连词成篇活动中，教师将任务分给各小组，要求学生将所学的词汇进行创造性的使用，编成一个完整的故事或片段，以口头陈述或写作的形式展示，教师与学生共同进行评价。

  词汇的运用不能只囿于课堂环境。王初明[①]将外语学习的语境分为直接语境和间接语境。课堂环境下学生不是语境的直接参与者，学生是在虚拟的语境中利用大脑背景知识再现情境，所以课堂环境是一种间接语境。而与此相对应的是直接语境，说话人自身为情境中的一部分，语言发生在语言与情境的直接互动中，如学生与英语本族语者的自然谈话与讨论，这是语言使用与情境融为一体。直接语境具有体验性特征，是促进外语学习的最佳语境。

  在整个体验式教学过程中，体验、加工、记忆和运用都贯穿有互动性。这与认知语言学所倡导的互动体验是一致的。我们所说的互动体验

---

① 王初明：《论外语学习的语境》，《外语教学与研究》2007年第5期，第190-197页。

是指主体在情景语境中输入、吸收和输出语言的过程。这种互动性体现在三个方面。一是语言层面的互动,即词汇和句子、语篇之间的互动。词汇不能孤立地理解和使用,在不同的句子和语篇中,其意义会发生变化,因而词汇的教与学必然结合语言的各个层次。二是主体互动,即教师和学生、学生之间的互动。主体之间通过任务、课堂活动等形式进行语言的输入和输出。三是主体与客体互动,即主体与客观环境,包括情景语境之间的互动。在情景语境中,主体运用恰当的语言形式进行交流。情景语境发生变化,主体应选择不同的语言形式以顺应情境的变化。

第三节 语块教学

词汇学将词汇分为两部分,即可以借助语法规则进行自由组合的单词和不能用语法规则解释的固定的短语,如习语(idiom)。然而,最近语言学家的研究表明,在句法和词汇两极之间存在着大量兼有句法和词汇特征的固定或半固定的语言结构,这些模式化的语块是语言交际中最理想的单位。自然话语中90%是由那些半固定的语块(chunk)来实现的。语言习得的一个共同模式是:学习者要经过这样一个阶段——在可以预测的社会语境中使用大量的未经分析的语块。这表明掌握未经分析的语块是语言习得的一个重要部分。

一、语块研究概述

语块是词的组合序列,是一个多词单位。长期以来,词汇与语法被人为地割裂开来,而最新的语言学理论研究表明,词汇和语法密切相关。体现这个关联点就是语块。语块现象在语言教学中越来越受到关注，成为词汇教学的新途径。语块研究与词语搭配密切相关。搭配和语块现象研究涉及多个角度和学科。

词汇搭配的概念最早是由 Firth 提出。他认为，理解一个词要看它的结伴关系。[1] 词汇不是单独和孤立地使用，而是和其他的词习惯性地一起使用，这就是词汇的搭配。例如，ass 一词常与 silly, obstinate, stupid, awful 等词语搭配使用。语义学中提出的词语的横组合关系就是指词与词之间存在一种相关的语义关系。Cruse[2] 将搭配界定为"习惯性共现的词语序列"，例如，fine weather, torrential rain, light drizzle 等。词语序列表明搭配单位可长可短，不一定是两个或三个词，但这一序列组合必须是习惯性共现，不是临时或偶然的组合。

近年来，随着计算机科学的发展，大规模的语料库建立起来，例如，英国伯明翰大学以 Sinclair 为首的语言学家建立了 COBUILD 语料库。Sinclair[3] 的研究将"搭配"这一现象扩展到了习语性原则（idiom principle），"语言使用者往往有许多半预制性的词组，它们构成单一的选择，尽管从表面上看它们可以再切分为许多成分"。语料库语言学形成了一套研究词语搭配的方法和手段。基于语料库的研究表明，搭配不再是语言学家头脑里的直觉存在，它是上千万词的语料库连续文本中语言使用实体，是数据处理的结果显示。语块现象在语言使用中无处不在，这一点在英语口语语篇中得到广泛证实。[4]

---

[1] 转引自陆国强：《现代英语词汇学》，上海外语教育出版社 2002 年第 1 版，第 140 页。
[2] Cruse, D. A., *Lexical Semantics*, Cambridge: CUP, 1986.
[3] Sinclair, J., *Corpus, Concordance, Collocation*, Oxford: OUP, 1991, p.97.
[4] McCarthy, M., Spoken Language &Applied Liguistics, Oxford: OUP, 1998, pp. 119 – 122.

心理语言学研究发现，人的记忆中保留有大量的预制语言单位，这些预制的语言单位就是信息语块，由几个词项构成，但比单个单词包含更多的信息。语块普遍存在于人脑的记忆中，而且随着我们对记忆材料的熟悉程度而增加，语块的数量也相应增加，从而使大脑可以存储和回忆更多的信息。语块是作为整体记忆和提取的一串词。每个人都有自己的语块库，会随着时间的推移接触新的会话语境而不断扩展。从心理语言学的角度研究语块时要指出的是，整体记忆和提取并不等于一个语块必须要整体使用。本族语者有时整体提取一个词语，故意做些改变。提取和修改语块是本族语者共有的元语块意识和能力，反映出他们有一个语块体系。[1]

基于认知语言学的构式语法认为，构式（construction）是一个特定形式与一个特定功能或意义的结合体。语言各单位之间并非是独立的模块，从词项到句式是由凝固性不同的各种构式组成的连续体。[2] 构式可以是词汇构式或句式构式。这两种构式与我们所说的语块有关联，如习语构式。认知语言学强调构式及其意义与人类的经验有关。其本质在于它是人们对客观世界经验的结果，是抽象的语言表征，反映了现实世界中的事物和结构，概括了语言的基本特征。构式语法坚持认知语言学的"整体大于部分之和"的完形原则，主张从大量的经验事实上归纳结构，概括其语义值。也就是说，一个构式就是一个概念，一个完整的认知图式，整体意义不等于各组成部分的简单相加。构式既是语言形式同时又是与语义和语用的结合，因此，构式作为形式与意义及功能的结合

---

[1] 王立菲，张大凤：《国外二语预制语块习得研究的方法进展与启示》，《外语与外语教学》2006年第5期，第17-21页。

[2] Goldberg. A. E., *Constructions: A Construction Grammar Approach to Argument Structure*, Chicago: University of Chicago Press, 1995.

体储存在长时记忆中。

Bolinger① 从语言学习的角度探讨词语搭配，他提出，"我们的语言提供了极其巨大数量的预制件"。学习者将这些预制件或语块作为一个整体储存在大脑中。Nattinger 和 DeCarrio 将语块称为预先装配好的词汇短语，是被赋予语用功能的词汇搭配。他们认为语言使用基本上是一种组装过程，即将这些预先装配好的词汇短语连接成话语的过程。② 语言的产出在很大程度上是将一些预制好的单位拼合起来用在合适的场合，而语言的理解也有赖于能够预测哪些特定的场合将会出项哪些形式。Nattinger 和 DeCarrio 强调词汇短语的特点是长短不等，有不同程度的变体，具有语用功能，因此语言教学要围绕教授这些词汇短语以及拼合它们的方式，同时也要教授它们变化的方式以及出现的场合。Lewis③ 提出词汇法（lexical approach）。他所提出的语块范围较广，包括单词、聚合词、搭配、惯例化语句、句子框架。

以上不研究者从不同的角度研究语块的性质和特点，所使用的术语不同，所包含的范围也不相同，但都认为：（1）语言中存在着大量的惯例化的语块和搭配，并具有不同的形式、意义或功能；（2）这些语块应成为语言教学的中心；（3）言语交际中语块的运用是语言学习者词汇能力和交际能力的体现。

---

① Bolinger, D, "Meaning and Memory", *Forum Linguisticum* Ⅰ, No. 1, 1976, pp. 1 – 14.
② Nattinger, J. R. & J. S. DeCarrico, *Lexical Phrases and Language Teaching*, Oxford: OUP, 1992, p. 1.
③ Lewis, M., *The Lexical Approach*, Hove, England: Language Teaching Publications, 1993.

二、语块的分类

无论在口语还是书面语语篇中都存在有多词（multi-word）词汇现象。不同研究者对这些多词词汇单位使用了不同的术语，如 Nattinger 和 DeCarrio 使用词汇短语（lexical phrases），Moon 使用多词项（multi-word item），Pawley 和 Syder 使用词汇化句干（lexicalized sentence stems），Lewis 使用词汇组块（lexical chunks）。我们采用宽泛的语块定义，即语块是一个多词单位，是以整体形式储存在大脑中的一串词，可整体或稍做改动后作为预制块供学习者提取和使用，这一串词在语义和句法上形成一个有意义、不可分开的整体。根据这个定义，语块可分为：

1. 搭配语（collocations），主要涉及动词和名词、形容词和名词的搭配，如 attain a goal, raise capital, heavy traffic。它们是自然言语中频繁出现的词汇组合。操本族语者本能地知道哪些词可经常搭配在一块使用而哪些却不行。了解这些搭配是准确自然的英语表达的基础；

2. 短语动词（phrasal verbs），它们是由动词和副词或介词组合而成，构成这类短语频率最高的动词有 come, get, go, put，副词和介词则是 up, out, in, on, down 等；

3. 习语（idioms），其特点是语义的完整性，不能从习语的各部分得出意义，如 spill the beans, kick the bucket；

4. 固定短语（fixed phrases），通常是惯常的表达形式，如 of course, at least, in fact, by far；

5. 惯例化表达式（institutionalized expression），主要指用于社会交往的套语，如 how do you do? Nice meeting you, have a nice day 等；

6. 句子构造语（sentence builder），指提供句子框架的表达式，如 I

think…, the thing/fact/point is…, that reminds me of…, I'm a great believer in…, it seems that…, it is…that…等,即我们通常所说的固定句型。

三、语块的功能

Nattinger 和 DeCarrico[①] 认为,语块的语用功能主要体现在社会交往(social interactions)、必要的话题(necessary topics)和话语技巧(discourse devices)三个方面。每个方面都涉及许多具体功能。

(一)社会互动:描述社会关系的语块

1. 会话保持语块,指调节和描述会话开始、继续、结束等交际规则的预制语块。

打招呼的语块:Excuse/Pardon me, How are you (doing)? what's up? Good morning/afternoon/evening; look it, I didn't catch your name, do you live around here?

表示回应的语块:what's going on/happening? (I'm) fine, thanks

提起话题:do you remember/know…? have you heard about…?

澄清:excuse / pardon me? what did you mean by…? what I mean is, what I'm trying to say is, how shall I put it? let me repeat

确认理解:all right? do you understand me?

转换话题:by the way, this is a bit off the subject/track, where were we? that reminds me of…

转换话轮:could I say something here?

结束:well, that's about it, I must be going, it's been nice talking to

---

[①] Nattinger, J. R. & J. S. DeCarrico, *Lexical Phrases and Language Teaching*, Oxford: OUP, 1992, pp. 59 – 65.

you, I've got to do, I mustn't keep you any longer

分别：see you later, so long for now, take care, have a nice day, bye for now

2. 会话目的语块，指用来描述会话功能的语块，如表示客气、询问、请求、反对等。

请求：may I…? would you mind…?

提出：would you like…? can I help you?

听从：of course, sure, I'd be happy/glad to

拒绝：of course not, no way, I'd rather you, I'm sorry but I'm afraid

肯定：it is a fact/the case that, I believe that, it's said that, word has it that, I read somewhere that, the fact of the matter is, in fact

回应：what happened next? I know, I see, no kidding, that's correct/right, I absolutely/certainly/completely agree, you have a point there, that's a good/excellent point, there you go, that's great, I don't really agree with you

表达感谢：thanks a lot for, I really appreciate your thoughtfulness/kindness

表达同情：I'm sorry to hear about, that's terrible/awful, what a shame/pity/terrible thing

（二）必要的话题：与话题相关的语块，指日常交往中提及的话题，涉及生活、工作、学习的方方面面，围绕某一话题的习惯表达方式，逐步形成对某一话题的交际能力；

问路：how far is…? next to, where is…? can you tell me the way to…, would you please tell me how I can…, on the right/left, next to, walk/go down/along, at the end/corner of, far from…

天气: is it going to...? How is the weather? what's the weather like?

购物: how much is..., it doesn't fit, a good/bad buy/bargain, I want to buy/see..., I'm looking for..., that's too expensive, I'll take it

(三) 话语技巧：指连接话语结构和意义的语块，使语篇连贯流畅，衔接自然。

逻辑联系语: as a result, nevertheless, because (of), in spite of

时间联系语: the day/week/year before, and then, after, the next is

空间联系语: around here, over there, at the corner

流利手段: you know, it seems that..., I think that, by and large, at any rate, if you see what I mean, so to speak, as a matter of fact

举例: in other words, it's like, for example, give you a example

评价: as far as I know, there is no doubt that..., I'm absolutely sure/positive/certain, but..., I guess, at least, at all

总结: make/cut a long story short, my point is that, in a word, in short

Fernando[①]从交际目的和篇章结构出发，研究习语在交际中的功能。她认为习语具有描述客观世界和内心世界、表达交流和构成连贯语篇的功能，从而将习语分为表意、人际和关联习语。

表意习语是表达人们对物质、社会和感情世界的印象描述，即用以表达人的行为方式、活动、品质特征等。表意习语传递的信息具体、明确，是构成语篇内容的一部分，具有很高的信息量，在描述时给人以深刻的印象。这类习语的数量最多，而且有变体形式。如表达行为方式的习语：skate on thin ice（冒风险），bite someone's head off（责骂），kill

---

① Fernando, C., *Idioms and Idiomaticity*, Oxford: OUP, 1996, pp. 72-74.

time（打发时间）, eat like a horse（大吃）, let the cat out of the bag（泄密）, lie down on the job（磨洋工）等；表达情感的习语：be over the moon（很高兴）, with a heavy heart（心情沉重）, live on one's nerves（惶惶不安）, look like thunder（满脸怒容）等；表达为人处世的习语：bare one's heart（推心置腹）, lay one's card on the table（坦率）, as cunning as a fox（非常狡猾）, snake in the grass（假朋友）等。

人际习语是人们在交际中用来创造"亲和"关系的表达时，可以帮助语言使用者进行顺利的交际。这类习语多为程式化套语，虽然所传递的信息量较少，但促进了交际中的亲和关系。人际习语类似于社会互动语块。

人们的语言交际往往不是通过孤立的句子或话语来实现，而是通过句子或话语构成的连贯语篇来实现。关联习语的功能是把语篇的各个语义部分紧密地连接成一个语义整体。关联习语类似于话语技巧语块，和人际习语一样数量有限，极少有变体形式。

四、语块教学的意义

语块兼有语法和词汇的特点，是一种语言使用惯例并在语言习得中和语言发展中起着至关重要的作用。外语教学的目的是用外语传达意义，交流思想。那么学习者如何表达他们心中的意义呢？母语使用者在言语交际中往往发挥记忆中语块的构建潜力，即将语块组合，重新组合，加以扩充来满足交际的需要。认知科学研究表明，一个块件是一个记忆的组织单位，它把记忆中已经形成的一套块件熔接成为一个更大的单位。语言教学应倡导以语块为中心，让学习者掌握常用的语块。

(一) 有利于语言习得

从认知的角度看,人们使用语言不单靠使用规则。Skehan[1] 提出"双模式系统"(the dual-mode system)来说明语言运用和语言学习。一方面是以经济节约的方式使用以规则为基础的系统,由单词和有限的语法规则构成,相对封闭;另一方面是使用以记忆为基础的系统以促使更快地提取,也就是以范例为基础的系统,由具有交际功能的语块组成,相对开放。从儿童的母语习得过程来看,这意味着经历过词汇化—句法化—再词汇化的过程。儿童首先是从意义出发使用一些有语境编码的样品来进行交际,然后进入句法化的过程,在词汇基础上习得的语言重新组织为句法基础,这个时候以规则为基础的系统才得以发挥作用。经过句法化后,又重新词汇化,词汇可以出现在不同的样品中,而且在功能上可以独立运作。对二语习得来说,这意味着必须保证学习者经历过这三个过程。[2] Wray[3] 指出,儿童在学习二语时,会有意识地使用语块来弥补二语知识的不足;语块是帮助他们进行成功交际、展示自我、并融入目标语社团的重要策略;同时通过语块弥补二语知识的匮乏使交际得以延续,从而有机会获得更多的输入,进而提高二语水平。而成人二语习得有明确的学习目标,而非仅仅处于交际的需要,所以学习者往往以语法分析体系为核心,忽略语块体系的发展。一些二语学习者的词汇量可能比本族语者大,但他们使用词汇的能力,如搭配能力,则不及本族语者。

---

[1] Skehan, P. A., *Cognitive Approach to Language Learning*, Oxford: OUP, 1998, pp. 89–91.
[2] 桂诗春:《我国外语教学的新思考》,《外国语》2004 年第 4 期,第 2–9 页。
[3] Wray, A., *Formulaic Language and Lexicon*, Cambridge: Cambridge University Press, 2002.

(二)提高语言表达的地道性和准确性

学习者所用的语块之所以有别于本族语者的语块,根本原因在于学习者还没有注意和重视从地道的目的语中学习词的组合,而只注意单个词的音、形、义以及少量词组的学习。当需要表达某一意义时,由于许多学习者的记忆中还没有现成的能表达类似意义的地道语块,他们会受母语的影响,从记忆中提取相对应的英语单词并进行简单地组合,这样组合的结果必然会产生一些不地道的,甚至不可接受的语块。二语习得理论和研究表明,中国学生在英语学习过程中主要使用的是中介语。在由母语负迁移引发的词汇搭配错误中,36.14% 由知识错误引起,42.17% 由知识缺乏引起。例如 solve difficulties (解决困难 overcome difficulties), take part in a job (参加工作 do a job), living level (生活水平 living standard), independent ability (独立能力 independence) 等。[1] Parley 和 Syder[2] 指出,很多学习者在用第二语言交际时,他们在选词方面与本族语者有较大的出入。因为在语言系统中人们可以作出大量的词汇选择,而其中只有一些是被人们认可的。本族语者一般都掌握大量的语块而且使用非常频繁,从某种意义上说,他们的言语交际是以语块为基础。而二语学习者通常比较重视语法规则,更依赖语法规则生成句子,相对忽视语块在言语交际中的作用,掌握的语块也没有本族语者多。例如,英语本族语者评价一件非常容易做的事情时,很可能会使用 a piece of cake 这一语块,而二语学习者则很可能会说 It is easy。成功的二语学习者需要母语使用者似的选择 (native-like selection),即能够

---

[1] 范烨:《关于中介语的研究报告》,《外语界》2002 年第 2 期,第 19–24 页。
[2] Parley A. and Syder F., "Two puzzles for linguistic theory: native-like selection and native-like fluency," in J. Richards & R. Schmidt (eds.), *Language and Communication*, London: Lonman, 1983.

在语用环境中说出地道语言的能力，以取代那些语法虽然正确，但本族语者不会那样说的表达方式。加强语块教学，让学生学习到更多真实的语言材料，注重识别和掌握本族语者常用的语块，从而提高选词能力，产出更地道、更准确、更接近目的语的语言。

（三）改善言语交际的流利性

语言的加工处理是一种复杂的心理活动。语句的生成需要经过从心理词库中选择、提取所需词汇，然后根据语法规则组合成句这样一个过程。复杂的句法规则限制了交际活动中语言的输出量。这种制约对二语学习者来说尤为明显，是影响流利运用目的语的主要原因。Pawley 和 Syder[①] 提出了"本族语者语言流利之谜"（puzzle of native–speaker fluency）这一问题，即从理论上讲，本族语者在快速处理语言时存在认知限制问题，但从表面看他们又能在语言产生过程中克服这一限制。通过对心理语言学文献的研究，他们发现本族语者在语言处理时的极限是每次一个从句的长度不超过 8–10 个单词。说话时他们在语句中间速度快而且流利，但在句末会放慢，甚至停下来以便建构下一个从句。说话人很少在句中停顿下来。本族语者能够流利地完成话语的原因在于他们使用了语块，也就是说，他们利用了储存在长时记忆中丰富的语言资源来弥补相对不足的语言处理能力。语块是形式和意义相结合的单位，且大量存在于口头和书面语言材料中，重现率高，是流畅连贯的语言交际的构成要素。语块以整体形式储存在心理词库中。在言语交际过程中，学习者根据语境和意义的需要选择和提取这些预制语块，不必根据句法规则临时组合和关注其内在结构，这样可以把认知资源转移到其他任务

---

① Parley A. and Syder F., "Two puzzles for linguistic theory. native–like selection and native–like fluency," in J. Richards & R. Schmidt (eds.), *Language and Communication*, London: Lonman, 1983.

上,如话题的组织,学习者就可以在语篇层面上组织言语并保持话语的连贯和流畅。

(四)提高交际能力

外语教学以培养学生的外语交际能力为目标。Widdowson[①]认为,所谓交际能力,实际上就是掌握了一大批装配好的结构、公式性套语和一套规则,并能够根据语境进行必要的调整的能力。Canale 和 Swain[②]提出,语言交际能力包含了语法能力、社会语言能力、语篇能力和语用策略能力。培养交际能力意味着不仅使学生知道如何生成符合语法规范的句子,还要使学生学会得体地运用语言。在真实的语言环境中,交际者使用的不是一个个孤立的单词,而是大量的具有语用和交际功能的语块。这是帮助交际者在会话过程中达到流利程度的重要手段。二语学习者在习得语块的同时,也习得了与之相对应的语用策略,语言交际能力也随之提高。

1. 语法能力是指组词成句,按照句法规则生成句子的能力。语法知识不是静态的、抽象的语言体系。语块本身包含有语法知识。如一些句子框架语,it can be claimed/said/assumed that…, it seems likely that…, we maintain/claim that…. one suggestion is that…, support sb's argument that…。以上语块在教学中通常是作为名词性从句进行分析,包括主语从句、宾语从句、表语从句和同位语从句。但作为语法分析时,往往不会关注其使用中的功能和意义。这些句子框架语可表示肯定、建议和同意。

---

① Widdowson, H., "Knowledge of Language and Ability for Use," *Applied Linguistics*. Vol. 10, 1989.
② Canale, M. &Swain, M., "Theoretical Bases of Communicative Approaches to Second Language Teaching and Testing," *Applied Linguistics*, No. 1, 1980, pp. 1–47.

2. 社会语言能力是指能够根据不同的语境，如交际对象、场合和目的，恰当地运用语言进行交际的能力。例如在表示邀请时，在非正式场合常用 let's…, how about…?, would you like to…? 等语块，在较正式的场合用 we are thinking of…, I was wondering if…等语块，接受邀请用 that would be fine/super/nice, that's fine with me, 拒绝时用 I'm afraid…, thanks, but…, maybe some other time。

3. 语篇能力是组句成篇的能力。有些语块是语篇衔接的重要手段，使语篇具有条理性和连贯性。Nattinger 和 DeCarrio[①] 指出，在口语和书面语篇中使用不同的语篇联结语，例如 as a result, therefore, moreover, nevertheless, to begin, a final point, for example, in other words, in summary, in conclusion 等常出现在书面语篇中，而口语语篇常用 so, this means that…, the upshot is…, what's more, not to mention, but look at…, let me start with…, the first thing is…, another thing is…, last but not least, take something like, the point is that…, in a nutshell, to make a long story short 等语块。

4. 策略能力是指在交际过程中提出、维持、转换、插入、结束话题的能力。前文所提到的会话维持和会话目的语块具有这种功能。此外还包括交际策略能力，即说话者为克服由于语言能力不足引起的交际困难而使用的技巧。交际策略语块包括拖延策略语块 at any rate, as a matter of fact, as you know, as far as I know, 自我修正语块 I mean, what I mean is…, 求助语块 what do you mean by…? How do you say…? 要求重述的语块 pardon, I beg your pardon 等。

---

① Nattinger, J. R. & J. S. DeCarrico, *Lexical Phrases and Language Teaching*, Oxford: OUP, 1992, pp. 78 – 80.

五、语块教学的方法

现行的英语教材都列有词汇表,并且注有相应的中文释义,这在某种程度上方便了教学。常规的词汇教学方法通常是教师在阅读之前根据词汇表逐个讲解单词,然后再进行文章的分析。这样,学生也习惯孤立地学习和记忆单词,所掌握的只是词的发音、词形和某个词义,但同时还忽视了词汇知识的另一重要维度即词的搭配关系。因此,教师在教学中除了教授给学生单词的发音和词义之外,更重要的是以语块为中心进行教学,以此来提高学生准确得体地使用目的语的综合能力。

(一)培养语块意识

教师应首先具有元词汇知识。马广惠[①]提出,二语词汇知识中应包括元词汇知识,即有关词的宏观知识,涉及词的概念、词义、词的规则和词的变体等方面的知识。词汇不仅包括单个的词而且包括语块。许多英语教师对搭配的理解往往限于实词和虚词之间的搭配,忽略了实词和实词之间的搭配关系。所以运用元词汇知识指导教学才能使词汇教学更丰富、更全面。学习者可以运用这样的元词汇知识计划、管理和监控二语词汇学习。其次应意识到语块是语言教学的中心,帮助学生识别固定和半固定的语块,讲解其用法,而对于使用频率高的具有一定语用功能的语块则结合具体的语境进行讲解,并通过口头和书面练习让他们掌握。

(二)加强语块的输入和输出

在课堂教学中,教师可淡化词汇表的作用,在具体的语境中即课文中讲授词汇知识,有意识地引导学生注意和找出语篇中出现的语块,同

---

① 马广惠:《二语词汇理论框架》,《外语与外语教学》2007年第4期,第22-24页。

时联系其语用功能进行讲解，并及时地归纳总结，注重从整体上加以理解、吸收和记忆。不同类型的教学侧重不同的语块。在阅读中培养学生"成块"阅读习惯，注重词与词之间的搭配关系，而不是停留在孤立的词上。对于阅读文章中的语块也应加以归纳，如《教程》第一册第四单元《严守时间和履行诺言》一文中出现的语块有：fail to do something, keep one's promise, keep somebody waiting, see off, ahead of schedule, so as to do something, wait for somebody to do something, get the things ready, be late for, apologize to, make an appointment, as soon as possible, make an arrangement, in this case, make an apology to。文章中一些在以往被作为语法知识的语句框架应作为语块学习，如 it is (hard) to…, it is time that…, may we…? the more…the more…, the same is true with…, what's the use/point of…, neither…nor…在讲解这些语块时，教师可以提供贴近生活，内容生动的例句，同时给学生提供输出语块的机会。例如，鼓励学生根据自己已有的知识和经验进行造句，角色扮演，改写和复述课文，组词成篇，这样学生在反复运用中不仅加深了对语块的理解，而且提高了语言应用能力。对于学生输出的语言应予以评价，增强学生学习的兴趣和自信心。口语教学中还应重视程式化语块或套语。从语块的功能可以看出，在会话中，很多语块并不表达概念意义，而是具有人际互动意义，如会话中表示话题开启、保持、转换、结束的固定表达。这些语块用传统的 3P 教学法难以奏效，即 Presentation – Practice – Production（呈现—练习—产出），应提供真实的语料，运用语境教学法，将形式与功能融合在语境中。《教程》中每个单元都包括一个交际话题，教师可以以话题为中心总结常用的语块。如打电话时用到的语块：may I speak to…? call back, I'd like to speak to…, leave a message。此外教师还应重视会话策略和交际策略语块。Nattinger 和 DeCarrio[1] 提出以"交换结构"（exchange structure）结合特定的语境和交际话题进行教学，如打招呼—回应，提起话题—澄清，结束—分别，提问—回答，断言—肯定等。会话中语块的运用和选择受到语境的制约，如在断言—肯定结构中的语块，Word has it that...—No kidding. /It seems to me that.... — I see，前面的语块常用在非正式语境，而后面的语块用在更为正式的语境中。还可在特定的语境中通过语块的连用来拓展话语，如表示请求，朋友之间用 Could I borrow your pen?，对陌生人用 Could I possibly borrow your pen?，或用更礼貌的话语 I'm very sorry to bother you, but could I possibly ask you to give me a ride down?，然后与话题结合拓展为：I just discovered that I have a flat tire, and I'm late for an important appointment. I'm very sorry to bother you, but could I possibly ask you to give me a ride down?

Lewis[2] 指出，教师在重视产出型活动（productive practice）的同时同样重视接受型活动（receptive practice）。这种教学活动有助于提高学习者对词汇本质的认识，让他们更有效地处理语言输入。如下面的练习：

In each of the following, one word does NOT make a strong word partnership with the word in capitals; which is the odd word?

（1）HIGH　season　price　opinion　spirits　house　time　priority

（2）MAIN　point　reason　effect　entrance　speed　road　meal

---

[1] Nattinger, J. R. & J. S. DeCarrico, *Lexical Phrases and Language Teaching*, Oxford: OUP, 1992, pp. 118 – 121.

[2] Lewis, M., "Pedagogical implications of the lexical approach", in Coady. J, and Thomas Huckin（eds.）, *Second Language Vocabulary Acquisition*, Cambridge: CUP, 1996, pp. 255 – 269.

course

(3) NEW experience job food potatoes baby situation year

(4) LIGHT green lunch rain entertainment day work traffic

(三) 构建隐喻词汇模块

教师可以通过一些课堂活动帮助学生记忆语块，然而，自然语言中语块数量之多会让学生无所适从，如果强调语块意义的任意性和不可预测性，语块学习会成为一个盲目记忆的过程。近年来，认知语言学研究旨在揭示语言现象背后的动因和理据。语言形式反映了人对世界的认知方式，例如隐喻认知模式。目前的隐喻研究已超越修辞学范畴。隐喻在语言的意义构建和演变过程中起着重要的作用。这一方面说明词义的产生和转变是一个认知心理过程，另一方面意味着二语学习者如果要获得接近本族语者的词汇能力，在学习中应经历类似的认知过程。隐喻普遍存在于日常语言中，我们赖以思考和行动的日常概念系统，在本质上是隐喻性的。隐喻具有概念性和系统性。在教学中根据概念隐喻构建词汇模块，让学生了解语块意义形成的理据，有助于掌握和运用这些语块，从而达到一种概念流利（conceptual fluency）。例如the foundation of the theory, support/shore up/buttress the theory, shaky argument, construct an argument, solid/strong argument, framework of theory 等语块则是与概念隐喻 Theories are buildings（理论是建筑物）有关。在《教程》中出现很多与"up"搭配的短语动词，我们将这些短语根据概念隐喻进行归纳：feel up, cheer up, warm up（高兴为上）；speak up, turn up, go up（多为上）；bring up, crop up, pop up, look up（未知为上）。还可以用容器隐喻理解和记忆一些与各种状态有关的词语搭配，如 in danger, in disorder, in grief, in surprise, in silence, in despair 等。

语块概念的提出加深了人们对词汇知识的认识，语块以及语块教学愈来愈受到语言教师和研究者的关注。语块是语言教学和语言运用的理想单位，对二语习得起着重要的作用。语块教学有助于促进语言表达的地道性、准确性和流利性。在课堂教学中，教师应加强语块的输入，创造各种机会让学生提取、选择和组合语块，提高学习者的语用能力和交际能力。

第四节 小结

本章根据词汇知识的多维性，提出多维的词汇教学，即基本词汇教学，包括词形维度、词义维度、语义维度、语篇维度、语境维度、策略维度，这些构成了词汇教学的内容。在词汇教学中，运用认知语言学的原型范畴理论，重视基本范畴词汇教学。重视对基本词汇多义和词组搭配的学习，学生的基础知识会更加扎实。词形维度着重于揭示词汇构成规律，让学生理性地扩大词汇量。词义维度涉及文化内涵词和多义词的教学。概念是认知范畴化的结果，是在人类经验的基础上，通过认知模式和文化模式构建起来的。词汇层面的文化内涵最为丰富。对文化内涵词的理解和掌握一方面了解英美国家的文化，另一方面在阅读中加深对语篇的理解，并在交际中恰当地使用英语。支配着多义词不同意义之间关系的原则是由具体到抽象的隐喻性映射。重视讲解词语多义之间的深层联系，即具体义项和抽象义项之间的联系，使学生了解词义的拓展规律及其演变认知机制，从而促进词义的理解和推测。语义关系维度是在教学中激活生词的同义词、反义词及其相关的搭配形成语义网络。词的意义并非一成不变，而是随语境而变化。引导学生寻找语境线索猜测词义并在语境中习得词汇知识。词汇衔接是形成语篇连贯的机制之一。学生在语篇中了解词汇的功能,通过词汇衔接模式理解语篇的主题。在教学中教师采取自上而下的方法,即培养学生的语篇意识,建立丰富的基于语篇的词汇库,而不是学习任意排列的、以语义为主的和非语境化的词汇表。建构主义强调学习者将自身的经验带进学习过程、强调学习者作为积极的意义建构者和问题解决者;认知语言学提出语言的体验观,在此基础上我们提出体验式词汇教学模式:情境体验、认知加工、巩固储存、实际运用。基于语料库的研究表明,语言中普遍存在着重现率很高的语块。语块在二语习得和语言发展中起着重要的作用,掌握这些语块是达到地道表达的关键。在英语教学中应培养语块意识,加强语块的输入和输出,并构建隐喻词汇模块。

第十章

词汇学习

在教学中,学生普遍反映出由于不能有效记忆和运用所学单词,造成听、说、读、写方面的困难。如何在日常教学中有效地进行词汇教与学成为一个重要的研究课题。围绕这一课题,国内外学者进行了广泛而深入的探讨,如刘绍龙(2001)、王文宇(1998)、张庆忠(2002)。他们主要围绕词汇学习的途径、词汇的宽度和深度习得以及词汇学习策略展开理论和实证研究,这些研究成果对于各层次的词汇学习都有一定的指导和借鉴作用。

第一节 词汇学习机制

学习语言必须掌握大量的词汇。词汇学习与习得与认知关系密切,涉及感知、注意、记忆、思维等认知活动。认知心理学运用信息加工原理揭示认知过程的内部心理机制,即信息是如何获得、储存、加工和使用的。随着认知研究的发展,认知心理学提出以认知为基础的更高一级的思维活动,即元认知。元认知是有关认知的认知以及对认知的调控。学习者对自身的认知活动进行观察、监控,以便有效地加工、吸收和使用信息，提高认知水平。

一、认知与词汇学习

词汇的记忆是一种重要的外语学习活动。在词汇学习中，单纯背诵词汇表的学习者往往事倍功半、收效甚微。孤立地记忆单词不仅对单词的理解单一化，而且记忆并不牢固，即使记住单词也很难在实际语言交流中使用。因而学习者应了解记忆的特点和原理，并根据记忆的特点采用多样的记忆方法，提高记忆效果。

（一）记忆的特点

记忆是过去经验在人脑中的反映，也是人类对客观现实的反映。识记、保持、再认和重现是记忆的基本过程。按信息加工观点，识记是信息的输入和编码过程；保持是信息储存的过程，而再认和重现是信息提取和输出的过程。输入、储存、输出是记忆语言材料的重要环节。

人的记忆从识记开始。根据识记材料的有无意义分为意理识记和机械识记。意理识记是通过对材料的理解进行识记。进行意理识记时，学习者必须运用已有的知识经验，积极思维，弄清材料的意义及内部联系，这样才能取得较好的效果。机械记忆是依靠机械充分进行的识记，主要根据材料的外部联系，采取简单的重复。虽然机械识记的效果不如意理识记，但在外语学习中，尤其是初学阶段，机械识记必不可少，如一些基本词汇，词形简单，需要通过多次反复来熟记。学习者可以结合这两种方式来记忆单词，尤其以意理识记为主，不主张死记硬背，应积极寻找词汇的发音、词形、意义等方面的规律和联系。

输入的材料一经编码就必须保存在存储器中以备必要时提取，这就是保持阶段。保持不是对信息的简单储存，而是包含着对信息的加工改造。按保持的状态，记忆可划分为感觉记忆、短时记忆和长时记忆。感觉记忆是对信息的简单储存,不进行心理加工,记忆容量小,只限于感受器所能接受的刺激量。信息的储存是以感觉痕迹形式被登记下来,有鲜明的形象性。

每种感觉都有自己的感觉登记。对外语学习而言,主要是视觉登记和听觉登记。视觉是获取信息的主要渠道,也称为图像记忆,如阅读。任何感觉信息,如不进入短时记忆就衰退而消失。感知记忆的材料如被注意,就会进入短时记忆。短时记忆储存容量有限,保持时间也很短。材料在短时记忆中进行加工和组织。短时记忆的容量在 7 ± 2 个信息单位,被称为组块。组块是短时记忆的基本单位,存在于语言的各层面,如字母、词、短语、句子以及话语。短时记忆的材料经过编码处理或通过语言复述才能进入长时记忆。但复述有简单和精细之分。精细的复述是将材料加以组织、将它与其他信息联系起来,在更深的层次上进行加工。只有靠精细的复述才能从短时记忆转入长时记忆。长时记忆具有极大的容量,只要有充分的复习,记忆广度可以没有限制,且遗忘较慢。长时记忆储存着我们关于世界的一切知识,为我们的活动提供必要的知识基础,使我们进行学习、运用语言、进行推理和解决问题等。具体过程如图 10 所示。

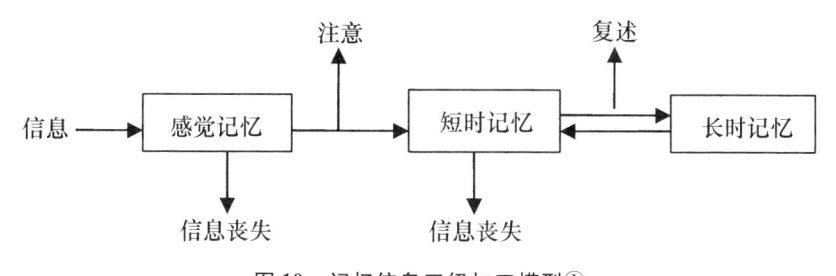

图 10 记忆信息三级加工模型[①]

———————
[①] 王甦,汪安圣:《认知心理学》,北京大学出版社 1991 年第 1 版,第 127 页。

词在长时记忆中是以概念表征，那么这些概念是以什么样的方式储存的？认知心理学提出两种语义记忆模型或心理词库组织模型。一种是层次网络模型。这个模型对概念的特征相应地实行分级储存，在每一级概念的水平上，只储存该概念的独有特征。这样的储存可以节省储存空间，体现出认知经济的原则。概念按上下级关系组成网络，每个概念和特征在网络中处于特定的位置。一个概念的意义要由该概念与其他概念和特征的关系来决定。另一个是激活扩散模型。它以语义联系或语义相似性将概念组织起来。概念节点之间的距离取决于范畴关系、各种概念之间联系的程度等。激活是在一个节点上开始然后按平行形式扩展贯穿网络。这种激活经距离而减弱。关系较近的概念比距离较远的距离更易被激活。人们的词汇知识分为三个层次：概念层、词目层和词位层。概念层即概念的组织，如 red 与 colour, orange, green, fire, rose 等概念连接在一起；词目层是词汇句法方面的知识，如 red 是形容词；词位层是词汇语音方面的知识，如 red 的发音是/red/。这种对词汇知识层次的区分可以解释一些语言现象，如人们有时能描述某个词的语义和句法特征，可就是不能完整地说出这个词，也就是说，人们能够提取概念层和词目层的知识，但不能完整地提取出词位层的知识。[①]

（二）词汇记忆方法

记忆中保持的信息总是会随着时间的推移而逐渐消失。艾宾浩斯的遗忘曲线表明了遗忘的规律：遗忘进程并不是均衡的，在识记的最初时间遗忘很快，后来逐渐缓慢，到一定时间，几乎不再遗忘。根据记忆和遗忘的特点，学习者应在学习后应迅速复习，采用多种记忆方法加工并巩固所学的词汇。

[①] 董燕萍：《心理语言学与外语教学》，外语教学与研究出版社 2005 年第 1 版，第 43 页。

1. 直接记忆法

学生常根据单词表记忆单词。如果采取集中学习的方式，在短时间内能记忆较多的单词。若要保持时间长，仍需要结合其他的记忆方法。还可以将所学单词写在卡片上，随时随地进行复习和记忆。在利用单词表和卡片记忆单词时，并不是机械的记忆，而是利用单词的音节、发音特点和规律进行记忆，如拟声词、字母及字母组合发音等。直接记忆法还包括通过各种词汇的练习来复习与巩固。

2. 对比记忆法

在词汇学习过程中，对于一些在发音和拼写方面相似而又易混淆的词可采用对比的方法。如词形相似的词 expect —except，quality—quantity，chief—thief，abroad—aboard，major－mayor，brief—belief，affect—effect。还可比较单词的不同用法以及英汉词汇的异同，例如 present，作名词和形容词时与作动词用法时发音和用法上的区别。表示"开除、解雇"，英语用 get sb. the sack，而汉语中也有一种形象的表达：炒鱿鱼。

3. 图式记忆法

图式是指专门为经常出现的事件设计的知识结构，即某一知识领域在大脑中储存的所有相关的知识表征及结构。词汇必须加以整理和组织才能很好地储存在长时记忆中，也便于提取。这就是"心理词库"。英语教材的编写常根据不同的话题如学习、运动、购物、看病、旅游等编排而成，突出语言的交际功能。教师可以激活与话题相关的框架和图式知识，便于词汇的组织和记忆。

例1：餐馆图式

激活相关事物和动作概念，以及与服务生有关的惯用语。

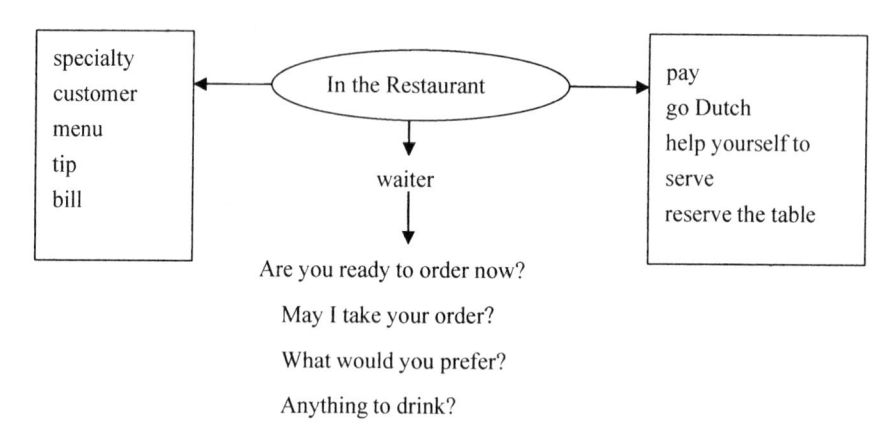

```
specialty                              pay
customer        In the Restaurant      go Dutch
menu                                   help yourself to
tip                  waiter            serve
bill                                   reserve the table

              Are you ready to order now?
              May I take your order?
              What would you prefer?
              Anything to drink?
```

图 11

例2：上网图式

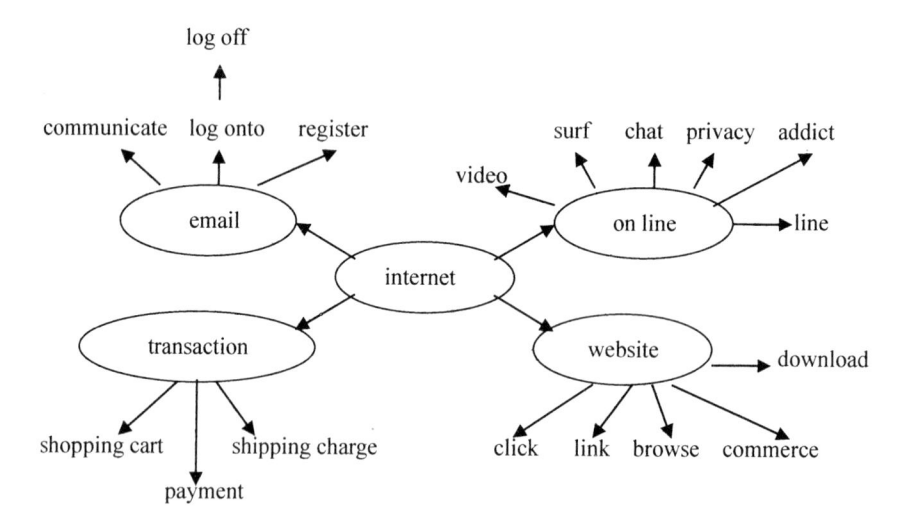

```
                    log off
                      ↑
communicate  log onto  register      surf  chat  privacy  addict
                                video
         email                         on line            line

                        internet

         transaction                   website            download

    shopping cart   shipping charge   click  link  browse  commerce
              payment
```

图 12

212

4. 联想记忆法

根据 Craik 和 Lockhart① 认知加工层次理论（level of processing theory），对单个词可进行形式和语义即浅层次和深层次的加工，记忆的痕迹持久与否和加工的深度有关，即加工层次越深，记忆效果越好。只有那些经过比较精致复杂的或较深层次的认知分析的产物，才容易得到储存。精细化过程就是学习者对输入的刺激与原有的经验之间进行联想、具体化和抽象化的过程，这也解释了记忆的本质和过程。因此，学习者应联想单词之间的语义关系如派生词、上下义词、同义词、反义词、相关的搭配以及整体和部分关系形成语义网络，利用已有知识、经验和能力对信息进行主动建构。

例1. apply

apply→application→application form
　　↓
apply for→apply for a patent/scholarship

例2. satisfy

satisfactory→unsatisfactory
　　↑
satisfy→satisfaction
　　↓
be satisfied with

5. 组块记忆法

从短时记忆的组块的观点出发，人们记忆中储存的语言材料，并不是单个的词，而常常是组块（chunk）。通过组块记忆，可以将记忆项

---

① Craik, F. I. M. & R. S. Lockhart, "Levels of processing: A Framework for Memory Research", *Journal of Verbal learning and Verbal Behavior* II, 1972, pp. 671 – 684.

目数缩减到最低或者缩减到短时记忆容量的极限之内，以减轻短时储存的复合，减少短时储存中单词信息的丧失与遗忘，获取高效率的记忆效果。

(1) 字母组块

根据单词的读音把单词字母组块化进行记忆，也就是根据单词的发音规律和音节组合记忆项目。例如：

advertise→ ad + ver + tise 或者 adver + tise

emergency→ emer + gen + cy 或者 emer + gency

(2) 单词组块

根据单词的构词特点进行记忆。有些新词是在已学过的单词之前或之后加上词缀。例如：

unimaginable→un + imagine + able

encouragement→en + courage + ment

(3) 短语组块

单词与单词组合成短语进行记忆，包括自由组合和固定搭配。例如：

conclusion →come to a conclusion

conduct→conduct business

(4) 句子组块记忆

单词、短语组块组合成更长的语言单位，如句子。例如：

conduct business + at one's convenience→The internet allows them to conduct other business at their own convenience.

6. 情境记忆

词汇学习的目的是为了使用和交流。学生在日常生活中应有运用词汇的意识，即将实际情景中各种事物、现象、行为或特征与所学的词汇知识相连。如在购物时，有意识地用到相关表达式。在课堂环境中，可以创设情境或情境想象来再现词汇。

二、元认知与词汇学习

元认知是认知心理学研究的一个课题。元认知的发展水平直接制约着个体智力的发展，影响个体的认知效率。因此在英语教学中，尤其是在词汇教学中应注重培养学生的元认知能力，提高学生的元认知发展水平，从而促进学生词汇知识的习得，并能自如恰当地使用英语进行有效交际。

（一）元认知理论

元认知（metacognition）这一概念是由美国心理学家 J. H. Flavell[①] 提出的。他于1976年首次将元认知定义为"认知主体为完成某一具体任务或目标，依据认知对象对认知过程进行主动监测以及调节和协调"。现代心理学把学习者认识到并形成如何控制认知学习这一心理机制称为元认知。简言之，它是关于认知的认知，是个体对自己的认知加工过程的自我觉察、自我反省、自我评价与自我调节。通常认为它应当包括元认知知识、元认知体验和元认知监控三个结构成分。

元认知知识是关于影响自己的认识过程与结果的各种因素及其影响方式的知识。它包括三个方面的知识：一是关于认知主体的知识，即关于个体内差异和个体间差异的知识，还有对认知个体间的认知相似性的认识，它是对人类认知的普遍性特点的认识，如知道人类记忆的规律等。二是有关认知对象的知识，主要涉及认知材料、认知任务及认知活动。具体地说，主体应知道材料的性质、结构的特点，明确不同的认知

---

① Flavell, J. H., "Metacognitive aspects of problem solving", in Resnick, L. B. (ed.) *The Nature of Intelligence*, Hillsdale, NJ: Erlbaum, 1976.

任务有不同的目的要求，明确任务中有关信息的特点。三是关于认知活动中的策略知识，策略是提高效率的方法和技巧，包括认知策略、元认知策略等。

元认知体验即主体伴随着认知活动而产生的认知体验或情感体验，是个体对其认知经验通过反思而获得的更具有概括性的经验。它包括知的体验，也包括不知的体验；内容上可简单也可复杂；在时间上可发生在认知活动之前、之中和之后。元认知体验对认知任务的完成有着重要的影响，因为积极的元认知体验会激发人们的认知热情，调动认知潜能，从而提高认知加工的效率。

元认知监控即主体在进行认知活动的全过程中，根据元认知的知识、体验对认知活动进行积极的、及时的、自觉的监控、调节，以期达到预定目标的过程，它是元认知的核心。根据在认知活动不同阶段，元认知监控具体表现为制定计划、实际控制、调节过程、检查结果、反思总结、采取补救措施等。

在实际的认知活动中，这三方面互相依赖，互相制约。通常认为元认知知识是元认知体验和监控的基础，元认知监控的每一步使个体产生新的元认知体验。元认知在个体的第二语言习得、记忆、理解、注意等认知活动中起着十分重要的作用。语言是人类普遍的认知系统的一个重要组成部分，在考虑语言知识的获得和使用时就必须考虑它的认知基础，即语言信息输入、识别、储存、习得、转化、提取、使用等过程，而这些认知加工阶段又是基于元认知系统之上的。不论是语言输入的获得、选择、内化，还是语言知识的构建和提取，都受到元成分的不断作用，都受到元认知知识，元认知体验和元认知监控的影响和制约，而语言信息加工的这些过程又给元认知系统提供了反馈性信息，使之据此对语言习得和使用的有效性进行评价，从而调整整个加工程序。随着这种调整过程的继续,语言加工策略会不断改进,语言习得效率会不断提高,从而促使语言学习的有效进行。① 正如陈英和②指出,"主体元认知知识的丰富性、元认知体验的深刻性及元认知监控的能动性,将直接影响主体使用策略的自觉性水平和有效性水平"。元认知系统对认知主体的认知策略起着定向、整合和修正的作用,而主体运用认知策略的主动性的有效性程度又将展示出其深刻的元认知水平。

(二)元认知在词汇学习中的重要性

词汇教学是语言教学的重要环节。Waring③ 对词汇教学所作的总结为:一次输入大量的词汇;注重单个词的讲授而不是词汇的融会贯通;词汇教学=定义+拼写;教材中对新词的重复率较低;教师在教学中新词的重复率较低;较少教授词汇学习策略;很少讲授词典查阅技巧;词汇大多以列表的方式给出;较少进行练习测试。在高职英语词汇教学中也存在着类似的问题。此外,在教学中,学生普遍反映出由于不能有效记忆和运用所学的单词,造成听、说、读、写方面的困难。大多数学生缺乏词汇学习的计划性和词汇学习策略,基本采用简单的机械重复记忆的方式,停留在对词汇的浅层次加工上。即使了解一些策略,也缺乏足够的自我管理与监控能力。也就是说,学生尤其缺乏元认知能力,从而阻碍了他们对认知策略的有效掌握和运用。许多学生不清楚全面掌握一个词包括哪些内容,即对词汇知识了解甚少,一味盲目地扩大词汇量,忽视词汇的深度习得。

元认知的实质是主体对认知活动的自我意识和自我调节,表现在主

---

① 刘培华,周榕:《元认知与外语教学》,《四川外语学院学报》1998年第4期,第84-88页。
② 陈英和:《认知发展心理学》,浙江人民出版社1996年第1版。
③ Waring, B., "Principles and Practice in Vocabulary Instruction." http://www.hare-net.ne.jp/~waring/vocab/, 2002.

体以主体及其活动为意识对象,根据活动的要求,选择适宜的策略,监控认知活动的过程,不断反馈和分析信息,及时调节自己的认知过程,坚持或更换解决问题的方法和手段。美国心理学家 Sternberg[①] 认为,组成认知结构有三种成分:元成分、操作成分和知识获得成分,而元成分始终处于调节控制的主导地位,是认知加工过程的高级调控系统。词汇学习过程是信息加工过程,即认知过程,词汇的输入、储存、习得、提取和使用的过程都受制于元认知因素。因此有必要将元认知训练纳入词汇教学中,提高词汇学习的效率。

(三) 元认知在词汇学习中的应用

1. 丰富元认知知识

(1) 个体元认知知识

个体元认知知识是指学生对自己的语言能力、记忆特点、背景知识、认知风格、思维方式等方面的认识。在词汇教学中,教师应引导学生充分认识自己的认知能力和特点,进行有利于记忆的语义加工,如激活生词的同义词、反义词及其相关的搭配形成语义网络,利用已有知识、经验和能力对信息进行主动建构。

(2) 任务元认知知识

学习者要全面掌握一个词必须了解目标词词形、词的句法限制、搭配、语用功能以及词义,其中主要包括拼写、发音、句法、词频、搭配、词的使用限制和目标词接受性知识和产出性知识的区别等。笔者认为,词汇教学主要可从词形、词义、语义关系、语境、语篇、策略知识维度进行。词汇不仅包括单词,还包括词汇短语,即语块。语块作为一种词汇-语法单位应成为词汇教学的中心。

---

① Sternberg, R. J., *Beyond IQ*, Cambridge: Cambridge University Press, 1985.

（3）策略元认知知识

在教学过程中，教师应适时传授词汇学习策略，帮助学生寻找适合自己的词汇学习策略，运用记忆策略和元认知策略学习、巩固和使用词汇。词汇学习策略的掌握和运用是学生词汇能力发展的关键因素。通过问卷调查、组织学生讨论等方式了解学生使用的词汇学习方法，哪些策略有助于记忆单词。要使学生在词汇学习中能有效运用各种词汇学习策略，教师不仅要教给学生策略是什么、怎样使用策略，还要教给学生这种策略在什么样的具体情景下运用更有效。例如，猜测词义是词汇学习常用的一种策略。在教学中，教师要告诉学生可利用上下文线索和构词法这两种技巧猜测生词的含义。语境线索包括解释、定义、举例、同义词、反义词以及图式知识等。首先让学生获得这些策略的陈述性知识并在大脑中形成命题表征。然后通过具体的语言实例进行讲解练习并在教学中不断强化这些策略的运用，逐步使学生的策略知识转化为程序性知识。

2. 强化元认知体验

元认知体验贯穿于整个认知活动。教师应帮助学生制定和确立短期和长期的词汇学习目标和计划，如达到教学大纲中规定的词汇量，激发他们学习的动机。在词汇学习中因遗忘或不能自如运用所学词汇，学生往往产生焦虑感。教师不仅应注重词汇知识的输入，更要通过设计各种教学活动激活学生已有的词汇知识，不断加强新旧知识之间的联系，学生通过大脑中已有的知识结构对新知识进行重新构建。如根据主题进行词汇联想，形成一个相互关联的语义场；鼓励学生在交际活动中运用已学词汇，如对阅读文章的复述，选择贴近学生生活的话题让学生表达自己的所思所想，并给予及时的赞扬和欣赏，以此强化积极的情感体验，提高学生学习的自信心和主动性。

3. 加强元认知监控

学习过程既是对所学材料的识别、加工和理解的认知过程，也是一个对该过程进行积极地监控、调节的元认知过程。学习能力不仅表现在对所学材料的感知、记忆、理解、想象和思维方面，而且也表现在对上述各方面活动的积极监控、调节方面。制定和确立词汇学习计划后，要对整个过程进行监控和评价，这也是元认知的核心作用。学生应学会在词汇学习的过程中及时体验、评价、反馈学习的各种情况，自觉地评价自己词汇知识掌握的程度及存在的问题，通过监控、调节，不断积累经验，吸取教训，不断纠偏、矫正，把思维活动调节到最佳状态，从而高效地实现预定目标，努力使自己的状态最佳、结果最好。

元认知能力是高效率学习者应具备的能力，是自主学习能力形成的重要方面，其核心是培养学生对认知活动的自我意识、自我反馈以及监控和评价自我学习的能力。在词汇教学中教师应有意识地对学生进行元认知训练，培养学生的元认知能力，促进词汇的习得。

第二节　词汇学习策略

词汇学习策略是学习者为了使词汇学习取得更好的效果而采取的各项策略。外语教学不仅是培养学生的语言技能，还要教会学生怎样学习，即掌握和使用学习策略，提高学习效果。教师在词汇教学中融入词汇学习策略的培训，提高策略意识，学生在完成学习任务的过程中使用策略，培养对学习过程自我调控的能力。

一、语言学习策略

以学习者为中心的教学理念强调教师要关注学生的学习过程，采用有效的教学手段和方法激发学生学习的主动性，更重要的是指导学生掌握学习策略，提高外语学习效率。随着认知心理学的发展，人们对认知过程有了新的认识。认知活动是极其复杂的思考过程和问题解决过程。学习知识和掌握技能是高层次的认知活动，不仅需要学习者感知、理解、领会外界事物，而且需要学习者有效运用思维、记忆进行识别、选择、分类等心理过程。因此，学习者不只是被动的受刺激者和反应者，而是积极主动的思考者和问题解决者。外语学习同样需要学习者运用认知能力有效获取、储存和输出语言知识。学习策略的运用反映了学习者的心理和认知活动。

学习者的外语知识可以分为两种类型：陈述知识（declarative knowledge）和程序知识（procedural knowledge）。陈述知识指内容知识，有内化的外语规则和记熟的语言板块构成；程序知识指方法知识，由学习者用来处理外语语料而采用的各种策略和程序组成。因而外语学习者不仅要学习语言知识，培养听说读写基本技能，而且要学会怎样学习才能有效掌握知识，提高能力，即掌握与运用学习策略。语言学习策略与自主学习是紧密相关的。外语教学的最终目的是培养学生成为具有自主学习能力的学习者。自主学习是学习者把握自己学习的能力，即学习者能够独立地确定学习目的、学习目标以及学习内容和方法，并确定一套自我评价体系的能力。学习策略是促进自主学习的关键。因为学习策略能使学生积极主动地学习，提高语言水平，获得自信，从而发展并提高其交际能力。

国外学者对语言学习策略的研究涉及理论的探讨、实际教学中策略的应用、策略的分类描述、策略的培训以及影响策略运用的因素。国内学者围绕中国学生的学习策略展开了调查和实证研究。文秋芳和王立菲①对国内有关英语学习策略的研究进行总结与归纳发现：学生语言学习观念的偏爱倾向一致，改变了重语言知识、轻语言技能的传统观念；学生的策略偏爱倾向于语言水平相关，低水平的学生重语言知识学习，轻语言交际活动，高水平的学生则恰好相反，两种活动都参加的学生进步快。观念与策略相关，但程度不同，语言水平越高，相关性越强。要改变学生的学习策略，首先改变其观念，策略对英语成绩的预测力取决于学生的英语水平，词汇策略对词汇水平的预测力最高，管理策略的使用显著影响语言学习策略对成绩的预测力；听力、交际、词汇策略训练能帮助学习者使用学习策略，并提高他们的英语成绩，对低水平的学生的帮助更大。影响策略使用的因素众多，除了观念、语言水平，还有文化传统、任务类型、性别、学生的已有的知识背景等。

由此可见，外语教学是语言教学和策略教学的结合。教师在传授语言知识的同时，应引导学生了解、认识和运用有效的学习策略，调控学习过程，提高学习效果，使其成为自主的学习者。

二、词汇学习策略的分类

语言学习策略是学习者为促进习得、储存、提取和使用信息而采取的手段。学习策略使用的目的是提高语言学习者的语言水平能力、自信心和积极性。语言学习策略的特点：第一，以交际为目标。学习和运用策略是为了使学习者能顺利、愉快地完成交际；第二，帮助学习者培养自我导向学习的能力，即帮助学习者独立学习，自主性强的学生会逐渐

---

① 文秋芳，王立菲：《中国英语学习策略实证研究20年》，《外国语言文学》2004年第1期，第39–45页。

获得更多的自信心，更积极地参与学习，并取得更高的学习效率；第三，拓展了教师的角色。语言学习策略的运用改变了教师传统的权威地位。教师的作用不再是指挥课堂，而是要在与学习者建立重要而和谐的关系的基础上，为学习者的学习提供方便。通过引入语言学习策略，教师的角色可以从导师、指导者、管理者、领导者、掌控者转变为辅导者、引导者、咨询者、共同合作学习者。教师将教学的中心放在有效的语言学习策略上，并且与学习者一同分担教与学的责任；第四，以问题为导向，即学习策略是解决问题、完成任务及实现目标语学习的过程；第五，经由教导而获得，并有意识地使用；第六，策略的选择受诸多因素影响。

语言学习策略虽然是针对整个语言学习活动而提出的，但其中许多策略可以应用于词汇学习中。

（一）记忆策略，帮助学生储存信息。包括建立心理连接，运用图像和声音，定期复习，运用动作。

（二）认知策略，促进学习者理解和输出语言。包括重复、组织、推测、概括、归纳、想象、迁移、精加工、利用资料、翻译、分类、记笔记、演绎推理、重组、利用关键词、上下文、背诵、替换等。

（三）补偿策略，帮助学习者弥补对目标能力的不足。利用补偿策略，在语言能力缺乏的情况下，仍然能了解文章或对话内容。例如在阅读中利用语境猜测词义，在对话中，用肢体语言来辅助或用较简单的词句和语法表达。

（四）元认知策略，帮助学习者管理和监控自身的语言学习过程。包括专注于某个目标、规划学习目标及自我评价。

（五）情感策略，帮助学习者自我调节和控制情绪和态度，保持学习目标语的最佳学习心理状态。包括降低紧张焦虑、给自己鼓励和自我情绪的了解和掌控。

（六）社交策略，帮助学习者通过与他人的交流来学习。包括主动提出问题、与他人合作学习。例如，提出问题，请他人帮忙解答、澄清或是指正；与其他学习者组成读书会，交流对目标语的学习心得；了解异国文化等。

三、词汇学习策略的应用

（一）增强策略意识

建构主义学习观认为，学习是一个积极主动的建构过程，学习者不是被动地接受外在信息，而是主动地根据先前认知结构注意和有选择地知觉外在信息，建构当前事物的意义。语言学家 Andrew. D. Cohen[①]指出："语言学习的成功取决于学习者本人，取决于学习者自身的因素及其充分利用学习机会的各种能力。"学习最终是学生的活动，学生必须学会独立学习和自主学习。只有这样他们才能控制学习过程，并对自己的学习负责。这就要求我们坚持"以人为本"的指导思想，创造平等的师生关系，降低情感焦虑，鼓励学生自我表现，充分调动学生的主观能动性。在教学中，教师应尽可能多地创造机会，通过师生互动、学生互动等形式，让学生真正做到学中用，用中学。学生本人应改变被动、消极的学习观念，使学习变成内在的需要，主动探索，并寻求适合自己个性特点的学习策略。改变课堂上被动接受的习惯，积极参与课堂活动，如问题讨论、口语活动等，提高课堂利用效率。

（二）融入策略培训

策略培训包括教师和学生培训两个方面。策略训练的关键是教师，

---

① Cohen, A. D., *Strategies in Learning and Using a Second Language*, Beijing: Foreign Language Teaching and Research Press, 1990.

教师培训方式是通过讲习班来扩大策略知识。讲习班可采用讲座、课外阅读、小组讨论、运用策略的实践活动、观摩策略训练教学、讨论教案等教学方式。采用这些培训方式的目的在于，一方面让教师亲身体验以策略训练为基础的外语教学，使他们学会识别、使用、强化策略，并能将策略灵活应用到其他场合，另一方面是让教师学习编写训练教材，掌握策略训练的技能技巧。策略培训的前提是教师观念的改变。学生掌握学习策略是对他们的语言学习承担更多的责任，所以教师的角色要及时调整，由原来的管理者、控制者、信息传递者变为培训者、促进者和研究者。Oxford[1] 提出，教师在对学生实施策略培训时，可遵循以下步骤：（1）了解学习者的需求。在策略培训之前，教师应对学生有较充分的了解，包括学生的语言水平，语言能力、学习风格、已使用的学习策略，学习观念等；（2）选择策略。根据学生的需求和特点选择策略。特别注意学生对某些策略的偏爱性，如学生记忆单词表。教师应强调将这种方法与其他策略结合起来才能达到有效记忆；（3）语言教学中融入策略培训。教师将策略训练与任务、目标和语言材料结合，这种结合可以让学生更好地在语境中理解策略的有效性；（4）考虑学习者的动机。激发动机，让学生对策略培训感兴趣并积极参与其中。教师可让学生自己选择任务或语言活动以及想要学习的策略；（5）准备材料和活动的内容。教师准备策略培训的讲稿或手册，并融合到语言活动和语言材料中；（6）实施策略培训。教师直接告诉学生策略的重要性和策略使用的方法。学生有机会评估策略使用是否有用；（7）评估和修订策略培训的内容。评估的标准有是否有助于任务的完成，技能的提高、学习者态度的改变等。

---

[1] Oxford, R. C., *Language Learning Strategies：What Every Teacher Should Know*, Boston：Newbery House, 1990.

(三) 注重策略运用

教师应将对学生学习策略的训练纳入日常教学中，指导学生的学习方法。如帮助学生制订学习计划，写学习周记等，也可以通过一系列精心策划和安排的英语学习和交际活动，让学生潜移默化地养成符合自己特点的学习策略和习惯。同时还可以通过面谈、调查问卷等方式系统了解学生的学习策略，有针对性地帮助学生调控学习策略，只有当学生有意识地使用学习策略来管理并独立地负责自己的课内外学习时来才能提高学习效率。

1. 明确的学习计划，并按计划实施。学生自主学习的能力并非天生的，它需要教师的指导和培养。设立目标反映学生自动学习的心态，是自主学习的前提。现代自主学习理论主张把学生的学习目标分为表现性目标和认知性目标。表现性目标是向他人显示自己有学习能力，认知性目标主要是为了掌握学习内容。鼓励学生制定表现性目标是迈开自主学习的第一步。设立认知性目标的步骤是：让学生知道自己在某一阶段的学习目的和要求，如需要掌握多少语言知识，听说读写的能力要达到何种水平，掌握哪些学习技能。在教师指导下，学生根据自己的能力和课程要求制定短期的学习目标，包括时间的安排和学习内容等。

2. 加强学习过程的管理。学生在英语学习过程中，对自己学习策略的有效性进行反思和评估，对学习的评估检查内容不应只限于对所学知识的检查或做模拟试题，或只关心卷面成绩，经常反思自己学习的态度、表现和方法。学生根据教学内容进行预习、复习、总结、归纳。多途径地学习英语、运用英语。不只把英语学习局限于课堂、课本。课外收听英语广播、收看英语电视节目和进行大量阅读。学习过程中，学生要经常检查阶段性目标的执行情况、学习进展和结果。监控就是检查任务执行的情况，看时间资源的利用是否合理、及时对自己的认知活动做出分析与评价。这样可以及时发现问题，以便调节思路，改变学习方法，寻求解决问题的出路。

词汇学习策略是学习者在语言学习中运用的某些特殊的方法和手段，是学习者获取、储存、提取和处理信息的方法和步骤。任何学习者都有意识或无意识地采用自己喜爱的学习策略。根据研究，成功的外语学习者除了其他的因素外，其运用有效的外语学习策略的能力是成功的一个重要方面。

第三节　词汇学习途径

母语学习中，阅读被认为是词汇习得的主要途径。这种词汇习得途径被称为间接或附带词汇习得，其理据是：人们所掌握的母语词汇太多，是不可能完全通过直接词汇教学获得的。这种习得方式是否适合二语学习者呢？二语学习者词汇习得的最佳途径是什么？这些问题已引起众多研究者的关注。研究表明，在二语教学环境下，教师将间接学习和直接学习结合起来，更有助于学习者词汇的学习和词汇能力的发展。

一、外语词汇习得

词汇习得是词汇在人的长时记忆中储存并随机取用。这种储存在长时记忆中的词汇，是经过内化构成的内部词汇，也叫心理词汇。外语词汇习得是学习者心理词汇的积累过程，这种习得表现在词汇的意义被认知和理解，不受语境影响，能自然地在情境中恰当使用，语音、语法正确。

束定芳①指出，同母语词汇习得相比，外语词汇习得过程更为复杂和特殊。这种不同主要体现在四个方面。

从认知基础上看，儿童学习母语词汇的过程是在一定社会交际环境中习得某一事物的概念，同时也习得了该概念的语言表达式，概念与语言学习的过程是同步的；而外语学习者是在已有概念系统外学习一个新的语言符号来表达某一概念。母语的概念系统与外语的概念系统不可能完全一样，其对应的语言符号的系统也各有特点。如汉语与英语的词汇，在语音、书写、构词、意义等方面都存在差异，而正是这种差异给学习者的词汇学习带来困难。

从交际能力看，儿童在学习母语的过程中同时也习得了母语的交际能力，知道语言使用的场合。而对外语学习者来说，原来的母语交际能力必然会对新的外语交际能力的获得产生影响。

从情感因素来看，外语学习者学习外语的动机、对目标语社团文化的态度、个人的性格等在很大程度上决定着外语学习的成败。

从语言环境看，儿童生活在母语环境中，接受的是真实的语言输入，其语言习得的过程就是社会化的过程。外语学习是在有限的、模拟的语言环境中进行的，无论从输入的质还是输入的量来看，它都比不上母语习得的环境。

陈新仁②从认知过程分析了外语词汇习得的特点。外语词汇习得过程包括输入、吸收、储存和巩固，各个阶段各有特点。输入不连续、不充足，且主要来自课堂；同时输入同一词汇的多层意义，输入的词汇信息不完备；以词义为主要巩固对象，主要通过机械性复习来巩固；主要

---

① 束定芳，庄智家：《现代外语教学：理论、实践与方法》，上海外语教育出版社2002年第1版，第116 – 117页。
② 陈新仁：《外语词汇习得过程探析》，《外语教学》2002年第4期，第27 – 31页。

以考试或写作作为反馈方式；以孤立词项为储存单位，且依托母语概念储存。

由此可见，在外语学习环境下，外语词汇知识输入信息、途径较为单一，储存不稳固，缺少输出的语境，这样影响到学习者交际能力的提高。

二、直接学习

词汇的直接学习指学习者做一些能将他们的注意力集中在词汇学习上的一些活动和练习，往往和各种有意识的词汇学习策略及记忆术等结合在一起，包括构词练习、猜词练习、背词汇表以及词汇游戏等。直接学习可以帮助学习者很快建立一定量的阅读词汇量；帮助学习者将所遇到的生词与大脑里已经掌握的词整合起来；让学习者在不同的上下文中反复学习同一个词汇；促进词汇的深层次处理；有助于词汇的形象化和具体化；可以使用多种词汇学习方法。[1] 词汇的重复对于词汇记忆非常重要，学习者要真正掌握一个词需要反复接触该词。在二语学习环境下，只通过阅读难以有多次接触词汇的机会。教材中词汇的复现有利于词汇习得，但目前教材中常用的基本词汇反复出现，但非核心词汇出现概率低。只有教师或教材科学系统的安排和设计，让学习者在短时间内反复接触和激活目标词汇，从而提高词汇习得效果。词汇量是衡量学习者词汇能力的一个标准，直接学习有利于二语学习者在有限的时间内扩大词汇量，帮助学习者很快建立一定量的阅读词汇量。研究者将词汇分为接受性词汇和产出性词汇，前者是通过语言输入获得的词汇，如听或

---

[1] Sokmen. A. J., "Current trends in teaching second language vocabulary", in Schmitt N and McCarthy, M. (eds.), *Vocabulary Description, Acquisition and Pedagogy*, Cambridge: CUP, 1997, pp.237-257.

读，后者用于语言输出，如说和写。二语学习者的产出性词汇能力较为薄弱，获得的词汇知识不能在语境中有效提取并恰当地运用。因而教师通过词汇练习或课堂活动提供词汇输出的机会。

三、间接学习

词汇的间接学习指的是学习者的注意力集中在某些其他的方面，尤其是集中在言语所传递的信息上，学习者往往不需要专门学习词汇就可以习得词汇。Laufer 和 Hulstijn 称之为词汇附带习得（incidental acquisition），认为词汇习得是阅读过程的副产品。

这是因为阅读是外语学习过程中最常见的获得词汇输入的途径，除最初的常用词需要刻意学习外，大量的词汇是作为阅读过程中的附带产品获得的。① 由此看来，词汇附带习得的聚焦点是在文本层面而不是词汇层面。这种方法的理论基础是输入假设，即在阅读中通过大量可理解性输入习得词汇。这在母语词汇习得中可以得到解释。Nagy② 指出，由于词汇数量大，一语学习者不可能只依赖课堂上的词汇学习来增长词汇，大量的词汇是在语境中习得的。他认为附带习得也适用于二语词汇习得，因为阅读材料的趣味性可以激发学习者的内在动机，但前提是学习者接触大量的、丰富的可理解性输入。

Riede③ 从学习者的角度分析了二语词汇附带习得的认知过程，即

---

① Laufer, H. &Hulstijn, J., "Incidental vocabulary acquisition in a second language: The construct of task - induced involvement", *Applied Linguistics*, No. 1, 2001, pp. 1 – 22.
② Nagy, W., "On the role of context in first and second language vocabulary teaching", in Schmitt N and McCarthy M, (eds.), *Vocabulary Description, Acquisition and Pedagogy*, Cambridge: CUP, 1997, pp. 64 – 83.
③ Riede, A., "A Cognitive View of Incidental Vocabulary Acquisition: From Text Meaning to Word Meaning?", *Views*, 2004, No. 11, pp. 53 – 71.

"聚焦"和"充实"模式。一方面,某一生词在文章中的显著性、读者个人对该词的兴趣及其特定的阅读目的等,会确定他会用多大的努力推测该词词义,这是聚焦度。对生词的注意力或聚焦度受文本因素(生词词义与文章内容的关系、出现的频率等)、学习者因素(个人兴趣、学习动机等)、环境因素(阅读目的、阅读时间等)的影响。另一方面,读者的阅读策略、语言知识及背景知识决定他能在多大程度上确定该词词义,这是充实度。这表明,如果聚焦度不够,学习者不会注意生词,也就不会猜测词义或绕过生词;如果充实度不够,则难以推测词义或无法进行正确推测。因此,通过阅读习得生词需要对该词的聚焦、充实的反复进行才能实现。

Nation[1]提出词汇学习分为直接式和间接式。间接式词汇学习发生的前提是学生对学习内容感兴趣,内容高于学生目前水平,如含有新词汇或表达,而且学生不会因学习新内容感到紧张。因为间接学习提供了语境,学生能够在语言的使用中达到学习目的,所以教师应该给学生提供更多间接式词汇学习机会。掌握接受性词汇需要了解其词义、语境中的特殊含义以及相关的词汇搭配等。而产出性词汇的掌握还包括了解使用的场合和出现的频率。阅读有利于习得词汇的知识,如习惯搭配、语法意义以及相关的语义群等。但Sokmen[2]认为,仅仅关注间接学习是不够的,尤其是语境中猜测词义的方法会带来一些问题:第一,从上下文中猜词来习得词汇是一个很缓慢的过程;第二,猜测词义容易出错;第三,即使学习者能使用灵活的阅读策略进行词义猜测,但由于其他词

---

[1] Nation, P., *Teaching and Learning Vocabulary*, New York: Newbury House, 1990, pp. 2 – 4.
[2] Sokmen. A. J., "Current trends in teaching second language vocabulary", in Schmitt N and McCarthy M, (eds.), *Vocabulary Description, Acquisition and Pedagogy*, Cambridge: CUP, 1997, pp. 237 – 257.

汇知识不足，造成阅读理解的困难；第四，过多强调猜词忽略了学习者其他不同的习得词汇的方式；第五，不一定产生长时记忆。在上下文中学习词汇，我们应该考虑上下文的难易程度。利用上下文对词义进行猜测是一种词汇学习策略。但如果上下文过难，猜测就无法进行。学生如通过阅读来习得词汇，最好选择学生熟悉的题材或难度不高的文章。难度太大的文章对词汇学习的帮助甚微，和背词汇表没有区别。董燕萍等[1]对上下文是否有利于习得一些基本的词汇知识，如拼写和意义，进行了研究。她们考察在三种不同的学习条件下学习词义和词形的效果。实验研究表明，内容易懂的上下文，不论从短期效果还是长期效果上看，都比单词表有利于对词汇意义的记忆。而内容费解的短文在词义和词形的记忆效果方面与单词表没有区别。也就是说，如果要记住词汇的意思，应该结合内容易懂得的上下文学习。但要记住词形和巩固学习效果，必须在短期内重复接触该词。

Nation 认为[2]间接学习和直接学习是一个连续体：教学材料不包括词汇的学习，但材料的选择和安排考虑了词汇因素，例如使用简化的原版读物；词汇在出现理解困难时有教师当场解释；词汇学习与其他语言活动结合在一起，如在学习一篇阅读文章之前讲授文中的生词或在辩论之前提供一些相关的主题词汇；课内或课外专门的词汇学习活动，如拼写规则的学习、词典的使用、猜测词义、生词表学习等。学习者在词汇学习中往往选择多种形式和途径，而不是某一种。直接学习和间接学习的效果与学习者的水平以及词汇学习的具体内容有关。水平越高的学习

---

[1] 董燕萍：《交际法教学中词汇的直接学习和间接学习》，《外语教学与研究》2001 年第 5 期，第 186 – 192 页。

[2] Nation, P., *Teaching and Learning Vocabulary*, New York: Newbury House, 1990, pp. 2 – 4.

者间接效果就越好。这说明，水平低的学习者可能更需要一定量的直接学习。由于词汇搭配的特殊性，建议至少在学生母语一致的课堂上讲授和母语搭配不同的词汇搭配。因此课堂上应该投入更多的时间去学习语块，而不是语法等内容。词汇搭配需要一定量的直接学习。董燕萍[①]通过中国学生交际英语课堂发现，在交际教学法间接学习的基础上增加直接学习，如查词典、做词汇练习，有助于学习者的词汇产出能力，尤其是对较低水平的学习者而言。对同一个词来说，能够在上下文中猜出这个词的意思不等于能够在需要的时候说出或写出这个词，学习者需要更多的接触，需要一定的直接学习。直接学习是间接学习的有效补充。

第四节　小结

外语词汇习得是一个建立心理词汇的过程。任何人的心理词汇都不是固定不变的，而是在学习中一直不断地变化、发展和丰富。心理词汇储存在人的长时记忆中，词汇信息可长期保持，并随时提取使用。词汇学习的目的是在言语交际中恰当使用词汇，但使用的前提是学习者要不断积累和丰富心理词汇。根据信息加工原理，进入短时记忆的信息如不反复重复，不会进入长时记忆，而且会很快遗忘。因而学习者应采用各种词汇学习策略和词汇的直接学习途径记忆和巩固词汇。恰当地使用词汇需要获得词汇丰富的信息，如意义、搭配、文体、语用、语篇等知识，这些知识只有通过大量的阅读来获取。

---

① 董燕萍：《交际法教学中词汇的直接学习和间接学习》，《外语教学与研究》2001年第5期，第186－192页。

参考文献

[1] Bhatia, V., K., *Analyzing Genre: Language Use in Professional Setting*, London: Longman Group UK Limited, 1993.

[2] Berlin, B. & Paul Key, *Basic Color Terms: Their Universality and Evolution.* Berkeley, Los Angeles: University of California Press, 1969.

[3] Bolinger, D., "Meaning and Memory", *Forum Linguisticu*m I, No. 1, 1976.

[4] Canale, M. &Swain, M., "Theoretical Bases of Communicative Approaches to Second Language Teaching and Testing", *Applied Linguistics*, No. 1, 1980.

[5] Cohen, A. D., *Strategies in Learning and Using a Second Language*]. Beijing: Foreign Language Teaching and Research Press, 1990.

[6] Croft, W. & D. A. Cruse, *Cognitive Linguistics.* Cambridge: CUP, 2004.

[7] Cruse, D. A., *Lexical Semantics.* Cambridge: CUP, 1986.

[8] Fernando. C., *Idioms and Idiomaticity.* Oxford: OUP, 1996.

[9] Fillmore, C., "Frames and the Semantics of Understanding", *Quaderni Di Semantica* Ⅵ, 1985.

[10] Flavell, J. H., "Metacognitive Aspects of Problem Solving", in Resnick, L. B. (eds.), *The Nature of Intelligence*, Hillsdale, NJ: Erlbaum, 1976.

[11] Grice, H. P., "Logic and Conversation", in Cole, P. &J. Morgon (eds.), *Syntax and SemanticsVol. 3: Speech Acts*. New York: Acdemic Press, 1975.

[12] Gibbs, R. W. Jr, "Speaking and Thinking with Metonymy", in Panther &Radden (eds.), *Metonymy in Language and Thought*, Amsterdam, John Benjamins, 1999.

[13] Goatly, A., *The Language of Metaphor*, New York: Routledge, 1997.

[14] Goldberg. A. E., *Constructions: A Construction Grammar Approach to Argument Structure*, Chicago: University of Chicago Press, 1995.

[15] Halliday, M. A. K. &R., *Hasan. Language, Context and Text*, Victoria Australia: Deakin University Press, 1985.

[16] Halliday, M. A. K., *An Introduction to Functional Grammar*, London: Edward Arnold. 1994.

[17] Hatch, E. and Cheryl Brown, *Vocabulary, Semantics and Language Education*, Cambridge: Cambridge University Press, 1995.

[18] Hoey, M., *On the Surface of Discourse*, London: George Allen&Unwin, 1983.

[19] Hoey, M., *Patterns of Lexis in Text*, Oxford: Oxford University Press, 1991.

[20] Hoey, M., *Textual Interaction: An Introduction to Written Discourse Analysis*, London: Routledge, 2001.

[21] Johnson, M., *The Body in the Mind: the Bodily Basis of Meaning, Imagination, and Reason*, Chicago: University of Chicago Press, 1987.

[22] Joos, M., *The Five Clock*, New York and London: Harcourt Brace Jovanovich, 1961.

[23] Kovecses, Z. & Szabo, P., "Idioms: A View from Cognitive Semantics," *Applied Linguistics*, No. 3, 1996.

[24] Kolb, D. A., *Experiential Learning Experience as the Source of Learning and Development*, Englewood Cliffs, NJ: Prentice – Hall, 1984.

[25] Langacker, R. W., *Foungations of Cognitive Grammar Vol. I Theoretical Prereguisites*, Stanford: Stanford University Press, 1987.

[26] Langacker, R. W., "Assessing the Cognitive Linguistics Enterprise", in T. Jassen&G. Redeker (eds.), *Cognitive Linguistics: Foundation, Scope, and Methodology*, Berlin: Mouton de Gruyter, 1999.

[27] Langacker, R. W., *Grammer and Conceptualization*, Berlin: Mouton de Gruyter, 2000.

[28] Lakoff, R., "The Pragmatics of Modality", in Peranteau, J. Levi &G. Phares (eds), *Papers from the Eight Regional Meeting*, Chicago Linguistic Society, 1972.

[29] Lakoff, G. &Johnson M., *Metaphors We Live by*, Chicago: The University of Chicago Press, 1980.

[30] Lakoff, G., *Woman, Fire, and Dangerous Things: What Categories Reveal about the Mind*, Chicago: The University of Chicago Press, 1987.

[31] Laufer, H. &Hulstijn, J., "Incidental Vocabulary Acquisition

in a Second Language: The Construct of Task – Induced Involvement", *Applied Linguistics*, No. 1, 2001.

[32] Lazar, G., "Using Figurative Language to Expand Students Vocabulary", Vol. 50, No. 1, *ELT Journal*.

[33] Leech, G., *Semantics*, London: Pengiun Books, 1974.

[34] Lewis, M., *The Lexical Approach*, Hove, England: Language Teaching Publications, 1993.

[35] Lewis, M., "Pedagogical Implications of the Lexical Approach", in Coady. J. &Thomas Huckin, (eds.). *Second Language Vocabulary Acquisition*, Cambridge: CUP, 1996.

[36] Martin, J. R. & David. R., *Working with Discourse: Meaning Beyond the Clause*, Beijing: Peking University Press, 2003.

[37] Martin, J. R., *English Text: System and Structure*, Amsterdam: Benjamins, 1992.

[38] Martin, J. R. &White, P., *The Language of Evaluation: Appraisal in English*, London and New York: Palgrave Macmillan, 2005.

[39] McCarthy, M. &R. Carter, *Language as Discourse: Perspectives for Language Teaching*, London: Longman Group Limited, 1994.

[40] McCarthy, M., *Discourse Analysis for Language Teachers*, Cambridge: CUP, 1991.

[41] McCarthy, M., *Spoken Language and Applied Linguistics*, Cambridge: CUP, 1998.

[42] Nagy, W., "On the role of context in first and second language vocabulary teaching", in Schmitt, N. &McCarthy, M. (eds.) *Vocabulary Description, Acquisition and Pedagogy*, Cambridge: CUP, 1997.

[43] Nattinger, J. R. & J. S. DeCarrico, *Lexical Phrases and Language Teaching*, Oxford: OUP, 1992.

[44] Nation, P., *Teaching and Learning Vocabulary*, New York: Newbury House, 1990.

[45] Oxford, R. C., *Language Learning Strategies: What Every Teacher Should Know*, Boston: Newbery House, 1990.

[46] Panther Klaus – Uwe&G. Radden, *Metonymy in Language and Thought*, Amsterdam, John Benjamin, 1999.

[47] Parley A. and Syder F., "Two Puzzles for Linguistic Theory. Native – like Selection and Native – like Fluency", in J. Richards & R. Schmidt (eds.), *Language and Communication*, London: Lonman, 1983.

[48] Richards, J. C., "The Role of Vocabulary Teaching", *TESOL Quarterly*, Vol. 10, No. 1, 1976.

[49] Riede, A., "A Cognitive View of Incidental Vocabulary Acquisition: From Text Meaning to Word Meaning?", *Views*, No. 11, 2004.

[50] Sinclair, J., *Corpus, Concordance, Collocation*, Oxford: OUP, 1991.

[51] Skehan, P. A., *Cognitive Approach to Language Learning*, Oxford: OUP, 1998.

[52] Sperber, D. &D. Wilson, *Relevance: Cognition and Communication*, Oxford: Blackwell Publishers Ltd. 1986.

[53] Sternberg, R. J., *Beyond IQ*, Cambridge: Cambridge University Press, 1985.

[54] Sweeter. E., *From Etymology to Pragmatics*, Cambridge: Cambridge University Press, 1990.

［55］ Sokmen. A. J., "Current trends in teaching second language vocabulary", in Schmitt N and McCarthy M (eds.), *Vocabulary Description, Acquisition and Pedagogy*, Cambridge: CUP, 1997.

［56］ Taylor, J. R., *Linguistic Categorization: Prototypes in Linguistic Theory*, Oxford: OUP, 1995.

［57］ Thompson, G., *Introducing Functional Grammar*, London: Edward Arnold Limited, 1996.

［58］ Thomas, J., *Meaning in Interaction—An Introductiom to Pragmatics*, London: Longman, 1995.

［59］ Thornburg, L. & Klaus-Uwe Panther, "Speech Act Metonymies", in W. A. Liebert, G. Redeker & Linda Waugh (eds.), *Discourse and Perspectives in Cognitive Linguistics*, Amsterdam: John Benjamins, 1997.

［60］ Ungerer, F. & H. J. Schmid, *An Introduction to Cognitive Linguistics*, Beijing: Foreign Language Teaching and Research Press, 2006.

［61］ Widdowson, H., "Knowledge of Language and Ability for Use", *Applied Linguistics*. Vol. 10, 1989.

［62］ Wittgenstein, L., *Philosophical Investigations*, Oxford: Blackwell, 1958.

［63］ Wray, A., *Formulaic Language and Lexicon*, Cambridge: Cambridge University Press, 2002.

［64］ Zgusta, L., *Manual of Lexicology*, The Hague: Mouton, 1971.

［65］白解红：《语境与意义》，《外语与外语教学》2000年第4期。

［66］白解红：《多义聚合现象的认知研究》，《外语与外语教学》2001年第12期。

［67］陈新仁：《外语词汇习得过程探析》，《外语教学》2002年第4期。

［68］陈英和：《认知发展心理学》，浙江人民出版社1996年第1版。

［69］戴炜栋，刘春燕：《学习理论的新发展与外语教学模式的嬗变》，《外国语》2004年第4期。

［70］邓炎昌，刘润清：《语言与文化》，《外语教学与研究出版社》2001年第1版。

［71］董燕萍：《交际法教学中词汇的直接学习和间接学习》，《外语教学与研究》2001年第5期。

［72］董燕萍：《心理语言学与外语教学》，外语教学与研究出版社2005年第1版。

［73］董明：《大学英语课堂"生生互动"模式初探》，《外语与外语教学》2004年第5期。

［74］范烨：《关于中介语的研究报告》，《外语界》2002年第2期。

［75］高山：《以接受理论试析伊芙琳的创作特色》，《扬州职业大学学报》2005年第9期。

［76］桂诗春：《我国外语教学的新思考》，《外国语》2004年第4期。

［77］桂诗春：《外语教学的认知基础》，《外语教学与研究》2005年第4期。

［78］顾嘉祖：《语言与文化》，上海外语教育出版社2002年第1

版。

[79] 洪艳青，张辉：《认知语言学与意识形态研究》，《外语与外语教学》2002年第2期。

[80] 何自然：《语用学概论》，湖南教育出版社1987年第1版。

[81] 何兆熊：《新编语用学概论》上海外语教育出版社2000年第1版。

[82] 何克抗：《建构主义的教学模式、教学方法与教学设计》，《北京师范大学学报》1997年第5期。

[83] 黄国文：《语篇分析概要》，湖南教育出版社1987年第1版。

[84] 胡曙中：《英语语篇语言学研究》，上海外语教育出版社2005年第1版。

[85] 姜望琪：《语篇语义学与评价系统》，《外语教学》2009年第2期。

[86] 姜亚军：《国外隐喻与第二语言习得研究述评》，《国外外语教学》2003年第2期。

[87] 李鑫华：《英语修辞格详论》，上海外语教育出版社2000年第1版。

[88] 李战子：《话语的人际意义研究》，上海外语教育出版社2002年第1版。

[89] 李健民：《通感现象的认知阐释》，《沈阳工程学院学报》2006年第4期。

[90] 李健民：《认知框架下的词汇解读》，《理论界》2007年第10期。

[91] 李健民：《英语习语的认知解读》，《重庆职业技术学院学报》2007年第1期。

[92] 李健民:《叙事语篇的文体分析》,《湖北经济学院学报》2007年第12期。

[93] 李健民:《语块及其教学的认知研究》,《成都大学学报》2007年第10期。

[94] 李健民:《元认知和高职英语词汇教学》,《重庆科技学院学报》2008年第2期。

[95] 李健民:《隐喻的评价功能》,《哈尔滨学院学报》2009年第3期。

[96] 林正军,杨忠:《一词多义现象的历时和认知解析》,《外语教学与研究》2005年第5期。

[97] 蓝纯:《认知语言学与隐喻研究》,外语教学与研究出版社2005年第1版。

[98] 廖光蓉:《英汉文化动物词对比》,《外国语》2000年第5期。

[99] 廖光蓉:《多义词意义关系模式研究》,《外语教学》2005年第5期。

[101] 廖光蓉:《英语词汇划分的目的、角度、类别及启示》,《外语教学》2007年第1期。

[102] 刘绍龙:《英语词汇知识的维间发展与习得特征》,《解放外国语学院学报》2002年第3期。

[103] 刘绍龙,肖善香:《认知、元认知与第二语言习得》,《西安外国语学院学报》2002年第4期。

[104] 刘培华,周榕:《元认知与外语教学》,《四川外语学院学报》1998年第4期。

[105] 陆国强:《现代英语词汇学》,上海外语教育出版社1999年

第1版。

[106] 骆世平：《英语习语研究》，上海外语教育出版社2005年第1版。

[107] 马广惠：《二语词汇理论框架》，《外语与外语教学》2007年第4期。

[108] 马伟林：《人际功能的拓展》，《南京社会科学》2007年第6期。

[109] 濮建忠：《英语词汇教学中的类联接、搭配及词块》，《外语教学与研究》2003年第6期。

[110] 秦秀白：《英语语体和文体要略》，上海外语教育出版社2000年第1版。

[111] 冉永平：《语用意义的动态研究》，《外国语》1998年第6期。

[112] 冉永平：《词汇语用学及语用充实》，《外语教学与研究》2005年第5期。

[113] 冉永平：《词汇语用信息的临时性及语境构建》，《外语教学》2008年第6期。

[114] 沈家煊：《句式和配价》，《中国语文》2000年第4期。

[115] 沈家煊：《语用原则、语用推理和语义演变》，《外语教学与研究》2004年第4期。

[116] 束定芳：《隐喻学研究》，上海外语教育出版社2000年第1版。

[117] 束定芳，庄智象：《现代外语教学：理论、实践与方法》，上海外语教育出版社2002年第1版。

[118] 束定芳主编：《语言的认知研究》，上海外语教育出版社

2004年第1版。

[119] 束定芳：《认知语义学》，上海外语教育出版社2008年第1版。

[120] 索绪尔著、高名凯译：《普通语言学教程》，商务印书馆2002年第1版。

[121] 汪少华，徐健：《通感与概念隐喻》，《外语学刊》2002年第3期。

[122] 汪少华：《视角的选取与词汇选择过程解析》，《外语与外语教学》2004年第1期。

[123] 汪榕培，卢晓娟编著：《英语词汇学教程》，上海外语教育出版社1997年第1版.

[124] 汪榕培：《英语词汇学研究》，上海外语教育出版社2000年第1版。

[125] 汪榕培主编：《英语词汇学高级教程》，上海外语教育出版社2002年第1版。

[126] 王德春：《多角度研究语言》，清华大学出版社2002年第1版。

[127] 王德春：《论语言学的建构性循环网络》，《外语研究》2009年第5期。

[128] 王甦，汪安圣：《认知心理学》，北京大学出版社1991年第1版。

[129] 王文宇，《观念、策略与英语词汇记忆》，外语教学与研究，1998年第1期。

[130] 王文斌：《隐喻的认知构建与解读》，上海外语教育出版社2007年第1版。

[131] 王文斌：《隐喻性词义的生成与演变》，《外语与外语教学》2007年第4期。

[132] 王寅：《语义理论与语言教学》，上海外语教育出版社2003年第1版。

[133] 王寅：《语言能力、交际能力、隐喻能力三合一教学观》，《四川外语学院学报》2004年第6期。

[134] 王寅：《认知语法概论》，上海外语教育出版社2005年第1版。

[135] 王寅：《语言的体验性》，《外语教学与研究》2005年第1期。

[136] 王寅：《认知语言学》，上海外语教育出版社2007年第1版。

[137] 王寅，《从后现代哲学的人本观看语言象似性》，《外语学刊》2009年第6期。

[138] 王寅：《语言体验观及其对英语教学的指导意义》，《中国外语》2009年第6期。

[139] 王亚南：《元认知的结构、功能与开发》，《南京师范大学学报》2004年第1期。

[140] 王家湘主编：《高级英语》，外语教学与研究出版社1999年第1版。

[141] 王初明：《论外语学习的语境》，《外语教学与研究》2007年第5期。

[142] 王立菲，张大凤：《国外二语预制语块习得研究的方法进展与启示》，《外语与外语教学》2006年第5期。

[143] 王振华：《评价系统及其运作》，《外国语》2001年第6期。

[144] 王改燕：《第二语言阅读过程中词汇附带习得认知机制探析》，《外语教学》2010年第2期。

[145] 文旭：《词序的拟象性探索》，《外语学刊》2001年第3期。

[146] 文秋芳，王立菲：《中国英语学习策略实证研究20年》，《外国语言文学》2004年第1期。

[147] 吴旭东，陈晓庆：《中国英语学生课堂环境下词汇能力发展》，《现代外语》2000年第4期。

[148] 熊丽君：《认知语法下的意象和意义分析》，《四川外语学院学报》2006年第4期。

[149] 熊学亮：《认知语用学概论》，上海外语教育出版社1999年第1版。

[150] 熊学亮：《语言使用中的推理》，上海外语教育出版社2007年第1版。

[151] 许国璋：《论语言和语言学》，商务印书馆2001年第1版。

[152] 杨文秀，刘升民：《语用意义与词典意义：差异与关联》，《解放军外国语学院学报》2005年第1期。

[153] 杨惠中等主编：《基于CLEC语料库的中国学习者英语分析》，上海外语教育出版社2005年第1版。

[154] 章宜华：《词典释义研究的沿革与发展趋势》，《现代外语》2000年第4期。

[155] 张庆忠，吴喜燕：《认识加工层次与外语词汇学习—词汇认知直接学习法》，《现代外语》2002年第2期。

[156] 张之忠，吴旭东：《课堂环境下二语词汇能力发展的认知心理模式》，《现代外语》2003年第4期。

[157] 赵艳芳：《认知语言学概论》，上海外语教育出版社2001年

第 1 版。

［158］朱永生：《论语言符号的任意性与象似性》，《外语教学与研究》2002 年第 1 期。

［159］朱永生：《框架理论对语境动态研究的启示》，《外语与外语教学》2005 年第 2 期。

［160］朱纯：《外语教学心理学》，上海外语教育出版社 1994 年第 1 版。